Wilhelm Spatz

Das evangelische Speyer

Kurzgefasste Nachricht von der Reformation

Wilhelm Spatz

Das evangelische Speyer
Kurzgefasste Nachricht von der Reformation

ISBN/EAN: 9783743665040

Hergestellt in Europa, USA, Kanada, Australien, Japan

Cover: Foto ©Lupo / pixelio.de

Weitere Bücher finden Sie auf **www.hansebooks.com**

Das
Evangelische Speyer.

Kurzgefaßte Nachricht
von der
Reformation,
allen
Evangelisch = Lutherischen
Kirchen und Predigern
in der
des Heil. Röm. Reichs freyen Stadt
Speyer,
herausgegeben
von
Joh. Fried. Wilh. Spatz.

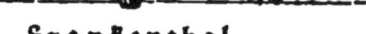

Frankenthal,
gedruckt bey Ludwig Bernhard Friedrich Gegel, churpfälz.
privil. Buchdrucker. 1778.

Denen
Hoch- und Wohl-Edlen, Ehrenvesten,
Fürsichtigen, Hoch- und Wohlweisen
HERRN
Burgermeistern
und
Rath
Wohllöblicher
des Heil. Röm. Reichs freyen Stadt
Speyer,

meinen
Hochgeehrtesten auch Hochgebietenden
HERRN

und
Großgünstigen Beförderern.

Hoch- und Wohl-Edle,

Ehrenveste, Fürsichtige, Hoch- und Wohl-Weise, Hochgeehrteste, Hochgebietende, und Großgünstige Herrn!

Reichs-kündig ist der patriotische Eifer, welchen Euer Hoch- und Wohl-Edle ꝛc. nach dem gottseeligen Beyspiel Hochdero in Gott ruhenden Regiments-Vorfahrern für die Erhaltung und Verwahrung der Evangelischen Gerechtsame bey jeder Gelegenheit thätig bewiesen haben.

Welch gerechter Anlaß für mich, Hochbenenselben ein ganz kleines Werk, das Evangelische Speyer betitelt, mit der lebhaftesten Zuversicht einer großgünstigen Aufnahm in Unterthänigkeit zu überreichen! da die göttliche Vorsehung Euer Hoch- und Wohl-Edle ꝛc. besonders gesetzt hat, das Beste dieser Uralten und Evangelischen Reichs-Stadt mit Klugheit und Treue zu besorgen. Groß ist der Ruhm, in welchem Euer Hoch- und Wohl-Edle ꝛc. in diesem Betracht stehen! Und wie ausgebreitet

muß

muß der Seegen werden, den der Allerhöchste fernerhin auf **Euer Hoch- und Wohl-Edle** ꝛc. Hohe eigene Personen, Deroselben ansehnliche Familien, ja auf unsre ganze Vaterstadt im reichsten Maas wird fließen lassen?

Dieses ist das Ziel der innbrünstigsten Wünsche, welche aus meinem für Hochdero bisherige Huld dankbarem Herzen ununterbrochen zu dem aufsteigen, von welchem der Flor eines Staats, und alle wahre Glückseeligkeit in Zeit und Ewigkeit herabkommt.

In einer solch devoten Gesinnung, und ehrerbietigsten Empfehlung zu Hochdero fortdaurenden Großgunst ersterbe

Euer Hoch- und Wohl-Edlen ꝛc.
Meiner Hochgeehrtesten, Hochgebietenden, und Großgünstigen Herrn

unterthäniger Diener und Fürbitter
bey Gott
J. F. W. Spatz,
Diakon bey der Ev. Luth. Gem.
dahier.

Vorrede.

Man erwarte in diesen wenigen Bogen keinen von mir gemachten Entwurf einer Reichs-Stadt-Speyerischen Reformations-Kirchen- und Gelehrten-Geschichte, noch vielweniger desselben ausführliche Beschreibung, wie solche im VIten Band des Journals für Prediger angezeigt worden —

Ich liefere dermalen nur eine Anzeige und Verbesserung des Fehler- und die nothwendigste Ergänzung des Mangelhaften jener kurzgefaßten Nachricht von denen Evangelischen Kirchen und deren Lehrern, in der fr. R. St. Speyer, welche man im fünften Theil des ersten Bandes derer Actorum historico-ecclesiasticorum nostri temporis von Seite 646 bis 667 antrift. — einer Nachricht, welche, aber ohne des berühmten Herausgebers, des

Hochfürstl. Sachsen-Weimarischen Herrn Oberkonsistorial-Raths Schneiders, Verschulden, gröstentheils, doch vorzüglich in dem Verzeichniß der Prediger, zum Erstaunen unrichtig ist.

Man gebrauche einsweilen diese verbesserte und vollständigere Nachricht, bis ich (dann wer kann alle, dem Publikum aber gewiß nicht schädliche, Hindernüsse vorhersehen?) zuerst meinen Plan, der bis zur Pflanzung der Lehre Jesu in der Speyerischen Gegend gehen wird, denen Freunden der Geschichte zur Einsicht und Beurtheilung vorlegen, und alsdann, ohne mich mit vielen Berichtigungen abgeben zu müssen, eine in richtiger Ordnung folgende weitläuftige Beschreibung der Reformations-Kirchen-und Gelehrten-Geschichte meiner Vaterstadt mitzutheilen im Stand seyn werde — Und welcher Protestant könnte Speyers verändertes Schicksal gleichgültig betrachten?

Geschrieben Speyer den 2. Octobr. 1777.

der Verfasser.

I. Abschnitt,
vom
Anfang der Reformation
bis auf den
Religionsfrieden –
und zwar

A. Von der Reformation in der Stadt selbst.

B. Von denen Kirchen und Lehrern in diesem Zeitpunct.

A. Von der Reformation in der Stadt selbst.

Was man von dieser höchst interessanten Begebenheit in denen Weimarischen Actis —
1. Band — Seite 650 und 651. findet, lautet also:

„Ueber obiges ist hier zu bemerken, daß annoch
„vor der Reformation in dieser Stadt und denen
„churpfälzischen Landen 1529 und 1530 Gott an
„einem Pfarrer in dieser (Egidien) Kirche (An-
„ton Eberhard) einen solchen Mann erweckt habe,
„deme das gemeine damalen schon nach dem rei-
„nen Vortrag des Wortes Gottes seufzende
„Volk wegen seines erbaulichen Wandels und
„Lehre mit hintangesetzter Besuchung aller
„andern Pfarrkirchen in der Stadt, und zum
„Verdruß der Clerisey zugelauffen seye, und des-
„sen Predigten mit ungemeiner Begierde angehö-
„ret habe. Weil dann um selbige Zeit, oder bald

„dar-

„darauf der Prior in dem Augustiner Closter, Mi-
„chael Diller, das Wort Gottes rein und lauter
„vorgetragen, und von der Gemeine einen glei-
„chen Beyfall bekommen; die Egidien-Kirche
„ohnehin klein, und zumalen bey denen Seuchen
„selbiger Zeiten, und besonders des englischen
„Schweißes, die räumliche Ausbreitung der Ge-
„meine nöthig gewesen, so nahm E. E. Rath hie-
„von den Anlaß, nach einem in dem Monat De-
„cembr. 1538 gemachten merkwürdigen Rathschluß,
„den Pfarrer zu St. Egidien, und Prior, Michael
„Diller, gegen insgeheim zugesagte Belohnung
„dahin zu vermögen, daß jener mit seinen erbauli-
„chen Predigten fortfahren, dieser aber in seiner
„Kirchen jezuweilen Sonntagsfrühe dem Volk das
„Wort Gottes nach der Anweisung der Lehre
„Christi verkündigen möchte, welches auch nach
„Seite 646, und 647 im Jahr 1540 geschehen —
„da in gleichem Jahr in dem Dominicaner Clo-
„ster unter der Information des ersten Gymna-
„siarchæ, M. Johannes Miläus, eine Schule
„angeordnet — beede aber Diller und Miläus
„1548 vertrieben und das Interim der Stadt
„aufgedrungen worden.

Allein wie vieles, theils unrichtiges, theils ungewiß gesetztes, theils unzulängliches zur Erkenntniß
einer

einer so merkwürdigen Epoche findet sich in gemeldetem, obgleich kurzgefaßtem Bericht?

Hier sind richtigere, mehr bestimmte, und hinlängliche Nachrichten, deren ganze Ausführung nebst denen erforderlichen Beylagen zu seiner Zeit folgen wird.

Lange vor denen Jahren 1529 und 1530, also auch lange vorher, ehe jene genannte evangelisch-gesinnte Prediger, Eberhard und Diller, aufgetretten, nehmlich schon in dem XV, und bey dem Anfang des XVI. Jahrhunderts, waren in hiesiger Reichsstadt unter der sehr zahlreichen Römisch-Catholischen Geistlichkeit nicht wenige, welche als die herrlichste Zeugen der Evangelischen Wahrheit aufgestellet werden können und sollen — Prediger und Pfarrer, welche den Verfall der christlichen Lehre einsahen und zeigten, auch die viele in die Lehre nach und nach eingeschlichene Mißbräuche nicht verschwiegen, sondern rügten; welche öffentlich, besonders in denen von halb Jahr zu halb Jahr in dem hohen Domstift gehaltenen wichtigen Synodal-Reden, das ganz ärgerliche Leben des größten Theils unwissenden Cleri scharf tadelten, und dahero eine Reformation (1)

(1) Sollte nicht selbst der wegen seiner großen Gelehrsamkeit so berühmte Speyerische Bischoff, Rudolph von

vor nöthig erachteten, solche wünschten und hofften; welche auch nachmals der, durch den Dienst des seeligen D. Luthers angefangenen Glaubens-Verbesserung ihren bald stillen, bald lauten Beyfall gaben, inzwischen das Evangelium Christi, auch bis zu denen widrigsten Schicksalen, mit Freudigkeit predigten.

Zum Beweiß dieser Erzählung dienen folgende Auszüge aus Reden, welche ich zu einer andern Zeit ganz liefern werde.

1439.

In dem Jahr 1439 hielt Jacob Hahn den letzten April im Speyerischen Synod ad Clerum eine nachdrückliche Rede — unter andern spricht Er:

Concionatorum pars major totam fere aut magnam sermonis partem — *non ex Evangelico,*

von Frankenstein, die Nothwendigkeit einer Reformation eingesehen haben? da Eysengrein von Ihm meldet: *In maniam quidem incidisse eum ferunt, postremo vitæ tempore propter vehementiorem cogitationem de Reformatioue Ecclesiarum, quam, ut conceperat, perficere non poterat.* Sollte wohl die Krankheit, in welche dieser Bischoff gegen das Ende seines Lebens gefallen, die Hauptursach gewesen seyn, daß Er die Stelle eines Präsidenten auf dem Religions-Gespräch zu Worms nicht annehmen wollen?

gelico, *qui Christus est, sed alio quodam* Doctore — surripiunt — palam afferunt, & exponunt. *Tutius agerent*, si Evangelicis potissimum inniterentur scripturis, *si, quæ Jesus docuit, & ipsi docerent, si Christi dogmata*, quæ satis copiosa sunt, satis plana sunt, satis ardua sunt maxime lectu, auditu, quin & repetitu dignissima sunt, evolverent, masticarent, *exponerent*. Sic enim latissimum tam plebi, quam Clero prædicandi campum invenirent. Sic suis inutilibus fabulis, apocryphis inventis, quotidianis, quas solas & sciunt, & faciunt, objurgationibus abstinerent. Sic non inter prædicandum reprehensuri cum ridiculo grammaticum istum Alexandrum allegarent.

Ego consultius esse putavi, si Sacerdotibus sermonem — facturus ex summi Sacerdotis Christi Jesu & prædicatione commissum mihi officium absolverem. — Non videbor aptiorem loquendi Magistrum & directorem delegisse, quam eum, qui non modo Magister est & Dominus, sed ipsa etiam est via, veritas & vita, qui illuminat omnem hominem venientem in hunc mundum, de cujus

cujus plenitudine & doctrina omnes accepimus, cujus denique sermo gladio ancipiti penetrabilior est. *Hunc in tota oratione meæ capitalem habebo Dominum, Ducem & Autorem, ejus potiſſimum utar perſuadendi locis & generibus, — — ut ex ipſo autore noſtro, Jeſu Chriſto, præceptore omnium optimo maximo, major orationi noſtræ habeatur fides & autoritas, ut uberiorem ſortiatur in auditoribus profectum, ut denique ad cordis noſtri viſcera intimius pertineat.*

In der Abhandlung über den Text Matth. 23. Auf Moſis Stuhl ꝛc. Wehe euch Schriftgelehrten ꝛc. ſchildert er die damalige Geiſtlichkeit der größten Anzahl nach, ja alle alſo —

Sub ſpiritualium nomine cenſentur hodie Sanctiſſimi Domini Papæ, Cardinalium, & ipſorum, qui apud nos ſunt, Epiſcoporum Cancellarii — *Quos omnes recte crediderim ſub Scribarum nomine a Chriſto Jeſu fuiſſe reprehenſos.*

Si Jeſus Chriſtus adhuc in humana, ut olim, natura & corporaliter — prædicaret, nemo dubitet, quin eos ipſos — ſuper innumeris *corraſionibus, quas ſciente Epiſcopo nec tamen*

tamen emendante quotidie & quidem injustissime faciunt, acerbissime accusaret, corrigeret & puniendos denuntiaret. —

Numerosior eorum portio adeo in se lasciviis gaudet, & voluptatibus, adeo scandalum proximo infert, & occasionem ruinæ, adeo detestabilissima sua conversatione & sibi & proximo parat iter ad infernum, ut quam forinsecus præ se fert honestatem, pessimis suis moribus & falsa simulatione mentiatur —

„Ubi sunt, obsecro, Pontifices, qui,
„quod proprium est eorum officium, divi-
„nis ipsi insistunt sermonibus? *Ubi Pastores,*
„*qui ovibus suis fidei rudimenta & sacram do-*
„*ctrinam interpretantur?* Ubi Ecclesiæ colle-
„giatæ Pastorias sibi ingurgitantes curam
„habent, quatenus populus bene instituatur,
„pro quo tamen omnes non lanam modo,
„sed & carnes & ossa de pecoribus suis au-
„ferunt, de manu eorum, qui pondus diei
„& æstus portant, eripiunt, & in sola vani-
„tate & luxu consumunt.

Ferner:

Si plebano tuo in sacris literis, quod perrarum est, longe fueris peritior, quare precor

cor *non proprio dogmate arida populi tui irrigas prata, & uberiora sitienti plebi tuæ pocula suggeris?*

Abermals:

NB. „Nonne igitur Sacerdotes noſtri ante ho-
„mines claudunt regnum cœlorum? *cum ſa-*
„*cram eis ſcripturam non interpretantur.* Sed
„quomodo interpretabuntur? cum eas ne-
„ſciant: & quomodo eas ſcient? dum eis
„nunquam dederint operam intelligendis.
„Omnes de honore ſuo ſunt ſtudioſiſſimi,
„de honore autem Dei nulli, aut certe pau-
„ci — *Si populus decimas non obtulerit, mur-*
„*murant omnes, ſi peccantem populum vide-*
„*rint, murmurat nemo. Væ vobis!*

Wie vieles müßte ich noch anführen, wann ich auch nur die merkwürdigſten Stellen dieſer Rede auszeichnen wollte?

1 4 8 9.

In dem Jahr 1489. mußte Jodocus Gallus auf Befehl des Speyeriſchen Biſchoffs Ludwigs, auftreten, und in dem Synod eine Rede halten, aus welcher ich einige Stellen herſetzen will —

Sacerdos inquit — gaudeo, quia ornata eſt mihi varii generis ſuppellex.

Pres-

Presbyter. Dic plane, quæ Tibi fit gratior? An, ut fim augur ego tuus, gratiffima eſt Tibi omnium, quam domi habes, famula pulchrior, laſciva, annorum duodeviginti, & ſucci plena.

Sacerdotem hic habet confitentem & dicentem, Væh mihi! Rubor ingens obruit ora, & verecundia nocentem me profitetur, velim, nolim —

De ſocietate Clericorum differens cum Sacerdote Presbyter, quærit:

Dic mihi, obſecro, *quoties* Tu apud eos hoſpes — *audieras lectiones biblicas?* Quoties ſalubrem de Inſtitutione Sacerdotalis ſtatus *doctrinam*, qua *reformaretur* in melius *Vita eorum*, honeſtiori induerentur veſtitu, parcius uterentur cibo & potu, abſtinerent immundiciis, vitarentur, quæ fiunt in Choro, infinitæ confuſiones, majori concordia, dulciori menſura, & non ſolo naſo, aut latratu canerent, diſtinctius legerent, intelligibilius pronuntiarent.

Dic mihi, obſecro, num ex tali conventu erectior factus es, ubi *ſe hæc*, ubi *ſe alia Thais pro-*

proſtituta contineat, ubi habitet, cujus copulæ adhæreat, ſi *vocata lubens appareat &c.*

Ludibrio habetur continens, floccipenditur caſtus, calumniam patitur devotus, detractionem habet prælatus. Irridetur quisquis doctus — venerantur, a quibus agitantur verba leviſſima, ſcurrilia, vana, luxurioſa, profana, turpiſſima, nefanda, hæretica, ſodomitica, abominabilia —

Ferner:

„Beneficia conferunt hiſtrionibus, ut jo„cum excitent. Muſicis, ut tibia canentes „menſæ eorum & Choreis præſint; ſpu„riis ſuis, ut Concubinas, ex quibus eos „progenuerunt, enutriant; mundanis & „negotioſis, ut rem familiarem tutentur & „curent. —

„Tales autem, quod dolentes referimus, „innumeri ſunt. Innumeri ergo Sacerdo„tes indocti ſunt.

Welch Gemälde der meiſten Geiſtlichen damaliger Zeiten! zugleich welch deutliches Zeugniß der Rechtſchaffenheit einiger Prediger, welche frey von der Bruſt geredet, das Wort Gottes lauter vorgetragen,
und

und auf die Zeit einer höchstnothwendigen Reformation gewartet!

Ich schweige von dem, allen bekannten, Speyerischen gelehrten Domprediger, Jacob Wimpheling, dem berühmten Verfasser der Gravaminum nationis germanicæ — Und gedenke nur noch eines Speyerischen Pfarrers zu St. Martin, **Wernher von Goldberg**. Dieser hat zehn Jahr, ehe D. Luther seine Reformation anfieng, hier schon gepredigt, vielen Zulauf gehabt, Fehler gezeigt. Aber dies war die Ursach, daß er abgeschafft wurde.

1523.

Er gab im Jahr 1523 seine Klage im Druck heraus, aus welcher ich folgendes nehme —

„Ich habe in verschiener Zeyt aus Liebe und
„christlichen Wahrheit als ein unwürdiger Pfarrer
„vnnd Seelsorger zu Speyer zehn Jar lang,
„ee dann die **Leere Doctor Martin Lutheri**
„**außgangen**, vnd an Tag kommen ist, wißend
„dem gelerten vnd gemeinen Man zu Speyr ge-
„straft mit meiner Ler, als einem frommen Pfar-
„rer zimpt, geistlich vnd weltlich vmb ir vnform-
„lich Leben, daß sie sich beßern — abzustellen ir
„böß, sändlich, schnöd Leben — wann ich den
„Leyen härtiglich gestraft, das han sy für gut an-

ge-

„genommen. Aber als ich kommen bin uff die Pfaff-
„heit, zu strafen dieselbigen vnd ihr böß gesinnt,
„haben sy sich gesträubt, wie ein böser hund thut,
„so man im den Willen nit laßen will, wan sy
„achten, daß Got entschlafen sey, dieweil er ire
„Boßheit nit straft zur handt, sonder aufent-
„halt, ist seine Barmherzigkeit schuld, wan er war-
„tet der Zeit, daß die Leyen baß erkennen, dann
„die Pfaffen —

Zum ersten hörent zu — es ist dazu kommen, daß
„sy den Pfarrer dingend an, daß er nit sey
„ein Luthers Man, sy wollen im sunst die
„Pfarr nemen: das ist bey unsern Eltern
„nit gehört worden, daß man verhalten soll
„die Warheit. Darumb der arme Man muß
„schweigen, so er reden solt. er fürcht, man
„setz einen andern uff die Pfarr — ich will gemach
„thun, vnd bey dem großen hauffen bleiben, se-
„hend zu, daß sind zum theil unser Pfarrer, da-
„rumb die Warheit verschwiegen bleibt, ist das
„nit jammer vnd not, daß man solch sagen soll von
„der christenheit, vnd von denen bevor, die
„das wißen solten, das Evangelium —

„Man nimpt das Geld — was wollent
„sy, ob der Teufel hirtten vnd schaf mit-
„ein-

„einander holet — damit wird die holl
„volle —

Zum andern —

„Lesent den Luther, was ir seyd vor Larven —
„besehent es recht, was ein Seelsorger sey — es
„mag nit besten — es muß anders gahn nach
„Kayser Sigmunds Prophezey — darumb ernan
„ich die frummen Ritterschaft, vnn das hey-
„lig Römisch Reich, solch büberey der Simoney
„der bösen Pfaffen abzutun, vnn helfen meren
„die Gottes ere, außreutten das Unkraut, das
„unterdrukt den guten Weizen. Verstandt mich
„recht, daß frum ersame Priester nit werden auß-
„gereut mit den bößen Pfaffen — Also stehet es
„in der christlichen Kirchen mit den Pfaf-
„fen, das Unkraut hat überhand genom-
„men, was die Warheit ist, sagt man,
„es ist Luterisch, man hat etwa nit so getan,
„ist mir wißen, so einer hatt predigt die Warheyt;
„so hat man es laßen pleyben vnn aufgenommen ꝛc.

Zum dritten —

„Mancher frumme Priester hat in der Kirch groß
„Arbeit, der muß eßen die Sprewer, mit sampt
„den Acker-Pferdten, die den Hawer im Feld
„bawen müßen, vnd wirt In gar nit zu teyl, son-
„dern

„bern die Symoneischen Pfaffen mit sampt iren
„hübschen Weibern, die freßent den Kern, vnnd
„thun gar nicht darumb — die Wurzeln des Un-
„trauts sind die faulfreßigen Pfaffen Megd, das
„von alles Unglük der Speyrischen kömpt an Leib,
„Seel, eer vnd gut, welcher das baß erfaren will,
„der sey ein Jahr zu Speyer ein Pfaffen Knecht,
„so wird er solches vnd noch mer innen — die
„**Pfaffen Megd seind den bösen Pfaffen**
„**lieber, dann die Bibel —**

Am Ende sagt Er —

„Darum so folget ir Prediger dem herrn nach,
„vnd verhaltent nit die Warheit. Strafet die
„bösen Pfaffen, es thut Not, vnd reuttet aus
„des Untrauts Wurzeln, das seynd die Pfaffen
„Megd, vnd kommpt dem Euangelio nach Matth.
„X. So sy euch durch echten in einer Stadt, so
„fliehet in eine andere, biß der herr kompt mit
„seyne Straff. Das bedenckt Ir Pfaffen zu
„Speyer, besonders die auf dem Weyd-
„tenberg, vnd volgent meinem Rath ꝛc.
„Das woll Gott bald wenden seynes
„christglaubigen Volks willen! Amen.

So auffallend schrieb Wernher zu Lutheri Zeiten, und in einem solch durchdringenden Ton pre-

digte ebenderſelbe in ſeiner St. Martins Pfarrkirche, noch ehe an Lutherum in Speyer gedacht wurde.

 · Allein dieſer von Gott zur Reformation ſeiner
Kirche beſtimmte Mann **Lutherus** kam ſelbſt nahe
an unſere Stadt — nemlich im Jahr 1518 nach Heidelberg, und 1521 nach Worms. Speyeriſche Gelehrte, einige zum Reichstag beſtellte Glieder des
hieſigen Magiſtrats, viele von der Burgerſchaft ſa-
hen, und hörten Lutherum. Seine Diſputation zu
Heidelberg, ſein Vortrag zu Worms, und die dabey gezeigte Freymüthigkeit und Standhaftigkeit gefiel,
und machte tiefen Eindruck in die Herzen ſeiner Zuhörer — das Evangelium, von Ihm verkündigt,
fand Beyfall in Heidelberg, Worms, in der Pfalz,
im Creichgau — und hier in Speyer. Man ließ
von Seiten des Magiſtrats dem Evangelio einen un-
gehinderten Lauf, wie es die Stadt Speyeriſche Gemeinde verlangte.   Wie gegründet ſind auch durch
dieſes Beyſpiel die Gedanken des fürtreflichen Göt-
tingiſchen Rechts-Lehrers Pütters in der Vorrede zu
ſeiner neuen Ausgabe der Augsburgiſchen Confeſſion!
— pag. 11. und 12.

Man gebe auf folgende Umſtände, welche alle
entwickelter gezeigt werden ſollen, wohl acht!

B 2   1522.

1 5 2 2.

Die erstere Schriften Lutheri fanden dahier so viele Freunde, daß der **Römische Pabst Hadrian der** *VI.* nöthig erachtete, zu End des Jahrs 1522 (das Schreiben ist vom letzten des Weinmonats) sich bey dem hiesigen Magistrat zu beklagen, weil Er vernehmen müssen, daß **Lutheri** Schriften zu Speyer *promtissime*, die Catholischen aber *nequaquam* gedrucket würden —

1 5 2 2 und 1 5 2 3.

Sehr ernstlich schärfte es der Magistrat seinem zum Nürnbergischen Reichstag 1522 und 1523. verordneten Gesandten ein, sich auf alle Art und Weise zu bestreben, daß ein allgemeines Concilium beförderr, und die kundbaren Misbräuche sammt dem ärgerlichen Leben der Geistlichkeit abgestellet würde. Eine Begebenheit, welche zwar verursachte, daß Kaiser, Karl der 5te dem Magistrat in einem aus Burgos in Spanien den 15. Jul. 1524. nach Speyer erlassenen Schreiben deßwegen einen Verweiß, zugleich ein Verbot gab, bey dem auf Martini angesetzten Reichstag nichts von der Lutherischen Materie zu handlen, doch aber auch das mitwürken half, daß der damalige Reichsabschied so gestellet worden: das heilige Evangelium und Gottes Wort — zu predigen und zu lehren ꝛc.

1525.

1525.

Besonders zeichnet sich das Jahr 1525. in Absicht des bringenden Verlangens der Stadt Speyerischen Burgerschaft nach dem Vortrag des reinen Wortes Gottes und Abschaffung der erkannten Misbräuche in der Lehre aus.

Dann den 24. Tag des Aprils, gedachten Jahrs, Montags (nach Quasimodogeniti) erschienen in Versammlung der vier Stifter Peter Brun, Burgermeister, Adam Bernstein, Wicker Grebus, Hanns Mettenheimer, Wiprecht Kerch, als Raths-Deputati, mit einem Ausschuß der Burgerschaft von 30 Mann, welche durch den Stadtschreiber Diether Drawel das Begehren einer Erbaren Gemeine zu Speyer der Geistlichkeit hinterbringen mußten — Sie verlangten 8 Stücke, die zwey hieher gehörige lauten also:

I. „Daß das Wort Gottes in allen Pfar-
„ren, Klöstern, und Kirchen gepredigt,
„und verkündigt werden soll, lauter und
„klar, ohne alle menschliche Erdichtung
„und Zusatz.

VIII. „Ist einer Ersamen Gemeine zu Speyer
„Bitt und Begehren, wo Zinß und Gülten, die
„in Stiften, Klöstern und Pfarren zu Jahrs-

„zeiten, Vigilien und Seelmessen von unsern El-
„tern verordnet, gesetzt und testirt sind, daß diesel-
„be hinfürter todt und abseyn sollen, aus diesen
„Ursachen, dieweil es betrüglicher Weiß,
„von den Alten genommen, mit Ueberreden,
„es käme denen Seelen im Fegfeuer zu Trost, samt
„andern finanzischen Erdichtungen. Nun
„aber sich mit göttlicher Warheit befindet,
„daß es weder denen Todten, noch denen
„Lebendigen nützlich, sondern verdamm-
„lich, und die Genugbeschehung unserer
„Erlösung Jesu dadurch verlezt, hoffen
„wir, es solte billig abgethan werden. —

Welch stattliches Zeugniß einer weit früheren Erkenntniß und Ausbreitung der vornehmsten Evangelischen Glaubenslehren auch bey gemeiner hiesigen Burgerschaft! Wo fanden die Speyerischen Burger jene
göttliche Wahrheit, durch deren Ueberzeugung getrie-
ben, sie die Abschaffung oben beschriebener Misbräuch
abgethan haben wolten, als durch einen theils schrift-
lich-theils mündlichen Vortrag des reinen Wort
Gottes — ?

Sie drungen auch daher darauf, daß Evangelische
Prediger für sie aufgestellet werden sollen. Es erhellet solches aus einem Antwortschreiben, welches der
Barfußer Provincial, D. Hoffmann, auf Ja-
kobi

tobi des Jahrs 1525 von Straßburg aus an den hiesigen Magistrat hat ergehen laßen. **Hier ist ein Auszug davon:**

„Ich höre, daß Mangel an Prediger seye in
„Eurem und meinem Gotteshause — ich will euch
„Priester schicken, als viel ihr wolt — ver=
„langt mit nichten nit **Lutherisch predigen,**
„oder **Meß lesen.** Ist es von nöten, so
„will ich selbst zu Euch kommen, mit Euch fried=
„lich zu handlen rc.

Es wurde auch in diesem Jahr 1525. in der Barfüßer Kirch das Evangelium würklich, aber eine gar kurze Zeit, geprediget. Dann es wurde hohen Orten her ernstlich verbotten.

1526.

Allein auch in dem folgenden Jahr 1526 offenbarte es sich deutlich, wie stark die Neigung der Speyerischen Gemeine zu Evangelischen Predigern seye, und welch eine Begierde sie belebte, das Evangelium zu hören. Der Reichstag wurde dahier gehalten. Der Churfürst von Sachsen und Landgraf von Hessen erschienen persönlich. Sie brachten ihre Prediger mit. Sie wolten solche offentlich aufstellen. Es wurde abgeschlagen. Sie predigten daher in ihren

Quartiren mit einem Zulauf NB. von vielen tausenden, welche sich nichts davon abhalten ließen.

Dieses verursachte, daß der Bischoff von Straßburg, Philippus, als Kaiserl. Rath und Commissarius, eine Werbung der Religion wegen an den Magistrat thun ließ, welcher antwortete, im Aeusserlichen des Gottesdienstes noch nichts zu verändern, sondern zu warten auf den bevorstehenden Reichstag, oder das versprochene allgemeine Concilium.

1 5 2 7.

Inzwischen arbeitete ein frommer und exemplarischer Vicarius am hohen Domstift, Namens Jacob Beringer, einige Jahre her, in der Stille, an einer deutschen Uebersetzung des neuen Testamentes — Es erschien solche im folgenden Jahr 1527 im öffentlichen Druck unter dem Titul:

Das nuev Testament kurz und gründlich in ein Ordnung vnd text, die vier Evangelisten mit schönen Figuren durchauß geführt, samt den anderen Apostolen. Und in der kayserlichen Statt Speir vollendet durch Jakob Beringer Leviten. Im Jahr des heiligen Reichstags 1526.

Und ist diß Buch gedrukt in herr Jakob Beringers Kosten zu Straßburg, vom Johannes Gries

Grienigern, uf den Christabent an dem MD und XXVII. Jare. in fol. 454 Seiten vnd 65 Kupfern. (2)

Durch diese Arbeit hat sich Beringer in der Kathol. Kirche zwar verhaßt, aber in der Evangelisch-vorzüglich Speyerischen Kirche im Seegen berühmt gemacht. Es sind in diese Uebersetzung einige der Hauptwahrheiten des Evangelii, z. B. der Rechtfertigung eines Sünders vor Gott NB. **allein durch den Glauben** nach Röm. 3, 28. ꝛc. eingeflossen. Daher auch derselben Verfasser von dem Weißlinger ein neuer Schwärmer seiner Zeit, so wie die gemachte Erklärung falsch und ketzerisch genennet worden. Beweiß genug, daß auch dieser unter die Zeugen der Warheit gehöre, welche Gott vor denen Jahren 1529 und 1530 zu Speyer erwecket!

Zu einer Probe seines frommen Herzens, und Verlangens nach der Ausbreitung des Evangelii führe ich seine letzte Gloße am Ende des Evangelii an:

O Jesu, unser aller Gott und Herr! hilf uns dazu, daß dein Wort pur, reyn fürgetragen werd, alß du es bevollen hast, durch dein heilig Leyden es

---

(2) Eine hinlängliche Beschreibung dieses schönen und sehr seltnen Buchs kann man in unsers seel. Herrn *Consulent* Baurs *Primitiis typographicis Spirensibus pag.* 60 & seq. lesen.

es befestiget, und versiegelt. Hilff, Hilff, es thut uns nott: als dann wirstu würcken allezeit bey unß. dazu hilff unß der eynnig ewig Gott, Vater, Sun und heiliger Geist. Amen.

und pag. 92. darum bitte ich dich, lies offt und dick das heilig Euangelium, wann es hat eine solche Krafft im Lesen und hören, die kein Mensch kann aussprechen ewig nit.

Es wurde dieses Werk auch mit solcher Freude aufgenommen, daß es bald neu muste aufgelegt werden.

1529.

So hart der Abschied des berühmten Speyerischen Reichstags vom Jahr 1529. gegen die Evangelische, welche bey dieser Gelegenheit hier zu Speyer den Namen derer Protestanten erhalten haben, ausgefallen war, so zeigte es sich dem ohngeachtet, daß sowohl der Magistrat, als die gemeine Burgerschaft sich je mehr und mehr von der Katholischen Kirch entfernten, und denen Evangelischen geneigter wurden — Welche Sorgfalt wendete der Magistrat an für die Erhaltung des Grynäi, welcher durch eine Unterredung mit dem D. Faber in große Gefahr kam. Man denke an die **Geschichte des Speyerischen Engels, Grynäi Erretters!** Eine
Ge-

Geschichte, welche einer weiteren Ausführung würdig ist, und dazu auch vorbehalten wird —

Während diesem Reichstag wurde ein Edict publicirt, daß Niemand in die Predigten, so in dem Quartier des Churfürsten von Sachsen gehalten wurden, kommen sollte. Allein wie gering wurde es geschäzt! Man hat aufgezeichnet, daß in denen auf den Palmsonntag morgends und nachmittags abgelegten Predigten bey 8000 Zuhörer gewesen.

Auf eine solche Art wurde das Evangelium immer bekannter. Dieses machte, daß die Speyerische Gemeine gar keine Neigung mehr zu denen gewöhnlichen Pfarrern hatte, sondern sich entweder ausserhalb der Stadt zu Evangelischen Predigern wendete, oder zu Haus die im Druck erschienene deutsche Bücher laß. Fast Niemand besuchte die katholischen Kirchen, eine Predigt anzuhören, worüber von Seiten des Bischoffs zu Speyer sowohl, als des Erzbischoffs zu Maynz Klagen entstunden, allein die Burgerschaft blieb bey ihrer Gesinnung, und Begehren, das Wort Gottes rein und lauter ohne menschliche Erdichtungen und Zusätze auch in denen Stadtkirchen zu vernehmen.

Nun fande die Burgerschaft an dem Egidien Pfarrer, Anton Eberhard, und dem Augustiner Prior

Prior, Michael Diller, in oft erwähntem Jahr 1529 ꝛc. solche Männer, welche Evangelisch predigten, und diese beede waren es, welche nachmals von dem Magistrat als Prediger eine Verehrung erhielten.

In denen Weimarischen Actis wird es ungewiß gesetzt, ob der Prior Diller zu eben dieser Zeit, oder bald darauf mit seinen erbaulichen Predigten angefangen habe? Allein es ist ganz gewiß, daß Er nicht nur in seinem Kloster, sondern auch fast in allen Kirchen der Stadt um diese Zeit, und nachhero, bis Er vom Magistrat aufgestellet worden, geprediget habe. Man erwäge den Erweiß:

Diller hat sowohl nach jenem angeführten Bedenken derer Herrn Dreyzehner, als auch kraft eines von ihm selbst aufgesetzten und nachmals dem Kaiser Carl, dem 5ten, überreichtem Bericht seiner Lehr und Predigten halben lange vor dem Jahr 1538 —

Zwey Jahr in E. E. Raths St. Georgen Pfarrkirchen — vor diesem viele Jahr in der St. Martins Kirch — vorher im Domstift, im Creutzcor, im Creutzgang eine zeit lang, zu St. Quidon, zu St. Barthelme, und im deutschen Haus, und nach Dillers eigenen Worten, von der Justification und guten Werken eben so, wie jetzt, da Er verklagt worden, ohne menniglicher Straf und Einrede — gelehret und geprediget.

Ueber dieses hat der Magistrat sich, da die Wiedertauferische Lehre hier einschleichen wollte, keines andern Geistlichen, als des Dillers bedient, welcher auch viele Mühe mit Jhnen hatte. Diß war noch vor dem Reichstag 1529, dann auf demselben wurde, (man schlage die Reichs-Abschied nach) ein scharfes Edict gegen die Wiedertäufer publicirt.

1538.

Alle diese Umstände zusammen genommen (die Vorfälle zwischen denen Jahren 1529 bis 1538 werde ich zu erzählen nicht vergessen) gaben endlich dem Magistrat Anlaß, den gewiß merkwürdigen Rathschluß, zu welchem das den 27. Nov. 1538 von denen Herrn Verordneten an E. E. Rath gestellte Bedenken die Gelegenheit war, zu fassen:

Man solle dahin bedacht seyn, daß neben dem Egidien Pfarrer — der Prior Michael Diller NB. nicht jezuweilen, sondern alle Sonntag frühe in seiner Klosterkirch dem Volk predigen möge.

Hier sind die Worte aus dem Original des Bedenkens:

Sol-

Solchem nach haben die Verordnete bedacht, nachdem der Prior zu denen Augustinern eyn gelehrter und der heiligen Schrifft erfarner Mann, dergleichen der Pfarrer zu St. Gilgen sich bißanhero dermasen in seinen Predigten und Thun gehalten, daß sy beede den **Weg zur Seeligkeit off Christum der Welt heylandt** züchtig, bescheiden, und unverweißlich leerendt von menniglichen vernommen worden, daß dieselbe zween in der Geheim durch etliche vom Rath Verordnete ersucht werden sollen, nemlich der Prior, daß er alle Sonntag, auch Fest unserer lieben Frawen, vnd der heiligen Aposteln morgens vmb siben Horen biß uff acht in seinem Closter zu denen Augustinern, vnd der Pfarrer zu St. Gilgen In seiner Pfarr, wie bißher, predigte, welche beede Predigten dem Volk nutz vnd genugsam seyn möchten.

Von eben diesem Jahr ist auch das Bedenken wegen Errichtung einer Raths-Schule in dem Prediger oder Dominikaner Kloster, also nicht erst 1540, wie es pag. 647. in denen Weim. Actis stehet — dann an dem Beschluß des Bedenkens heißt es: Ist vberkhommen von bethen Rhetten Mitwochs nach Catherine 27. Nouembris an — xxxviij.

Und

Und weiter unten —

Uff Mittwoch den Tag Barbare 4 Decembr. Añ. — xxxviij vor sitzendem Rhatt hat Her Erhart Kiel als Prior des Prediger-Closters hie zu Speyer guettwillig bewilliget, vnnd zugelassen, In Namen sein als Conuent kündig vnnd Conuents vnd so viel dessen Ime zu thun meglich, daß Ein Rhat Ir fürhabende Schul Im Closter zu den Predigern ꝛc. ꝛc. uffrichten vnd halten möge. Davon in der ausführlichen Beschreibung ein mehreres!

1540.

Was hier in der Stille geschlossen worden, wurde mit dem Jahr 1540 würklich offentlich ausgeführt. Und dieses 1540ste Jahr kann man auch als das eigentliche **Reformaions-Jahr der Reichsstadt Speyer** betrachten. Dann da stellete der Magistrat nicht nur den Michael Diller, als einen Stadt-Speyerischen Evangelischen Prediger in der Augustiner Kirch offentlich auf, sondern führte auch zu gleicher Zeit seinen neu berufenen Gymnasiarcham primum scholæ Senatoriæ, es war M. Johannes Milæus, in dem Prediger Kloster feyerlich ein, daß Er alda unter dem Beystand einiger Baccalaureorum die Speyerische Evangelische Jugend in Sprachen, Künsten und Wissenschaften unterrichten sollte.

Hier

Hier ist Simonis Beschreibung.

„In diesem Jahr 1540 haben die von Speyer
„wider dieses Bischoffs (Philipps des zweyten)
„willen einen eigenen Prediger, den Prior zu de-
„nen Augustinern, daselbst aufgestellt, der dann
„einen grossen Zulauff in seinen Predigten über-
„kommen, hat sich doch mit seinen Predi-
„gen noch eines mittlen Wegs gehalten.
„dazu haben die von Speyer, wiewol sy viel ehrli-
„che Schulen in den stifften daselbst gehabt, eine
„newe eigene Schul im Prediger Closter angericht,
„und haben weder dieser Bischoff, noch Kaißer,
„Carl, der 5te, (als Er des Jahrs 1541. in eige-
„ner Person, im Januario, zu Speyer gewesen.)
„am Rath nit vermögen können, daß Sie diese
„zwey Stückcke endern wollen, sondern haben Sie
„behalten, allein wahren Sie beyde, der Prior
„und Schulmeister (wie der Kaißer kommen)
„ausgetretten, und nach seinem Abreißen stelle-
„ten sie sich wieder in Ihre Verwaltung ein.

Die Folgen dieser wichtigen Unternehmung werde ich in der ausführlichen Geschichte der Reformation nach allen Umständen zeigen; unterdessen zur
Erläuterung des Simonischen Berichts — Diller
habe sich in seinen Predigten **noch eines mittlen
Wegs**

Wegs gehalten — folgendes anführen; darüber zu urtheilen, überlasse ich dem Leser.

1541.

In dem Jahr 1541. predigte Er von der Rechtfertigung und denen guten Werken. Dieser Predigt wegen wurde Er bey dem Kaiser Carl, dem 5ten, verklagt eben so, wie bey dem Speyerischen Bischoff. Er muste sich, der Magistrat selbst wollte es haben, verantworten; Er that es schriftlich — Kraft dieses noch vorhandenen Aufsazes predigte Diller:

„Erstens, So der Mensch from und gerecht
„vor Gott werden soll, so müßen ihm seine Sün-
„den aus lauter Gnade und um des Verdienstes
„Christi willen vergeben werden, welche Gnad
„und Gemeinschaft Christi er, der Sünder, durch
„einen lebendigen Glauben in Christum, und nit
„anders erlangen möge.

„Zum andern, daß aus solchem Glauben,
„der eine Gabe Gottes, gewißlich gute Werckhe
„kommen und fließen sollen; daß auch diese Werck,
„nachdem sie im Glauben und Liebe geschehen, Gott
„gefällig seyen, daß auch Gott aus Gnaden die
„gute Werckhe zeitlich und ewiglich belohnen werde.

Den Beweiß seiner Lehre führte Diller aus der heiligen Schrifft, mit vielen Citatis aus lateinisch- und griechischen Kirchenvättern ꝛc.

C   1543.

1 5 4 3.

In dem Jahr 1543 predigte Diller auf Esto Mihi über den Satz:

„Daß nicht allein dem Priester über dem „Altar in der Meß, sondern auch dem „Leyen das heilige *Sacrament* unsers Herrn „Fronleichnams unter beeden Gestalten ge- „büre und empfangen soll, und welcher „anders leere und thue, der leere und thue „unrecht —

Auf den Sonntag Lætare war der Innhalt seiner Predigt:

„Auch in der Meß ist kein Opfer, zu dem „auch keinem andern nüzlich, dann dem, „der sie ließt.

Wie vieles Aufsehen und Lärmen beede Vorträge des Dillers hier gemacht, ist leicht zu erkennen. Er wurde abermahlen verklagt, und muste sich rechtfertigen. Ich werde seine sieben Bogen starke schriftliche Vertheidigung der Gründlich- und Deutlichkeit wegen dem Publikum zu seiner Zeit mitzutheilen nicht ermanglen. Er fuhr unterdessen fort, Evangelisch zu predigen, und das Abendmal des Herrn der Gemeinde unter beyder Gestalt auszutheilen.

1544.

1544.

Darauf erfolgte der dahier im Jahr 1544 gehaltene Reichstag. Der Kaiser selbst, der Churfürst in Sachsen, der Landgraf von Hessen, und viele andere der vornehmsten Reichs-Stände erschienen persönlich — Diller muste sich abermalen entfernen; allein die Evangelische Gemeinde hatte die beste Gelegenheit, das reine Wort Gottes zu hören. Der Churfürst von Sachsen hatte den D. Justus Jonas, den Friedrich Mykonius und andere Geistliche als seine Prediger mitgebracht. Diese und des Landgrafen von Hessen aufgestellte Prediger hörten die Speyerer mit großer Begierde. Der Kaiser ließ zwar gleich Anfangs an die Evangel. Fürsten begehren, Sie solten in ihren Quartieren, und nicht in der Franziskaner Kirch predigen laßen; allein wie merkwürdig war die Antwort des Churfürsten von Sachsen —

> Es seye in dem Kloster nur noch ein einiger Mönch, und in der Kirch habe man längst nicht mehr die Päbstliche Gebräuche geübt.

1545.

Doch gaben sie nach, und ließen in ihren Quartieren predigen — der Reichstag wurde geendigt, und

Diller stellte sich in seinem Amte wieder ein. Die Gemeinde wurde zahlreicher; daher beschloß der Magistrat besonders den 15 Decembr. 1545.

„Daß zu dem Prior noch ein Prädicant,
„er seye seines Ordens, oder nicht; Er seye
„im Ehestand oder nicht, wann er nur mit
„der Leere Ime zustimme, bestellt und angenom-
„men werden solle, dergestalt, daß derselbe nicht
„sogleich zur Prädicatur aufgestellet, sondern daß
„Er samt dem Prior die Kinder lehre, den Cate-
„chismum an die Hand nehme, die Sacramente
„administrire, die Krancken, die sein begehren,
„visitire, mit christlicher Lehr unterweise und trö-
„ste — So dann derselben befunden, daß Er in
„diesem allem geschickt, uffrecht, und dem Prior
„in der Lehre gleichförmig, daß Er alsdann auch
„predige —

1548.

Allein dieser Rathschluß konnte nicht ausgeführt werden. Es kamen solche Hindernüsse, welche der Magistrat nicht aus dem Weg räumen konnte, und Diller blieb ohne Gehülff — Man sahe über dieses alle Vorbotten eines verderblichen Kriegs — Er wurde auch leyder! geführt — Zu diesem kam noch das Jahr 1548. Ein Jahr, voll der bedenklichsten Begebengebenheiten in der Evangelischen Kirche überhaupt, besonders auch in der zu Speyer — **Ich gedenke dermalen nur des Interims —**

Der Kaiser, Carl der 5te, kam selbst in die Stadt, und mit Ihm ein ansehnlicher Theil seines Kriegs-Heers. Er ließ den 30 August durch seinen geh. Rath, den Bischoff von Arras, und durch einige andre den Magistrat fragen:

Wie die von Speyer sich in der Religion zu halten gedächten? Statt jetzo alle damals gepflogene Unterhandlungen vorzutragen merke ich nur kürzlich an. Das Interim wurde angenommen, und der Burgerschaft publicirt — So fort Diller und Milius, welche von dem zu eben dieser Zeit anwesenden Augustiner Provinzial, Christopf Vischer, bey Kais. Majestät hart verklagt worden, auf wiederholten Kaiserl. Befehl nebst dem Stadtschreiber Eßlinger aus der Stadt verwiesen — Kein Prediger durfte angenommen, und die Raths-Schule solte nicht nur aus dem Dominikaner Kloster weg- sondern gar abgeschaft, und die Jugend wieder in die vorige Stifts-Schulen geführt werden. Allein letzteres that der Magistrat nicht, sondern Er verlegte die Schul in die Beckerstube, und nahm zu denen Baccalaureis noch einen neuen Lehrer, den Israel Achatius, Boßler genannt, den 29 Aug. 1549. an, auf welchen Michael Clodius im Jahr 1558 gefolget ꝛc.

Inzwischen gieng der wenigste Theil der Burgerschaft in die Katholische Kirchen, sondern sie gieng entweder über Feld, Evangelische Prediger zu hören, oder laß zu Haus, wo Sie Versammlungen hielt, Evangelische Predigten und Bücher — Der Burgerschaft große Verdrüßlichkeiten mit den Geistlichen wegen der Kindertauf, und beym Absterben der Evangelisch gesinnten sollen in meiner ausführlichen Beschreibung angezeigt werden.

1 5 4 9.

Auch der Magistrat offenbarte im Jahr 1549 seine gänzliche Abneigung an denen Gebräuchen der Kath. Kirche z. B. am Palmsonntag, an denen darauf gewöhnlichen offentl. Proceßionen — Niemand vom Rath erschien —

Man klagte von Seiten der Kathol. Geistlichkeit, und der Magistrat ließ klagen, welcher darauf seinen Gesandten auf den Reichstag zu Augspurg die Instruction gab, bedacht zu seyn, daß dem Kaiserl. Vertrösten nach alle Dinge gottseelig und christlich, allem Affect hintangesetzt nach göttlicher und der alten Vätter Lehre führgenomnommen und beschlossen, auch eine nützliche Reformation aufgerichtet, und alle unrechte Lehren und Misbräuche der Gebühr nach abgestellet werden möchten 2c.

So wartete man mit Sehnsucht auf beßre Zeiten!

1552.

Mit diesen machte Gott den Anfang im Jahr 1552, da der Paßauer Vertrag errichtet wurde; Kraft welches unter andern Vortheilen der Evangelischen auch dieses für Speyer erfreulich und heilsam war, daß das Kaiserl. Cammer-Gericht, so hier seinen Sitz hatte, auch mit Evanzelischen besetzt werden solte, dessen Einfluß in die völlige Reformation der Stadt, und Ausbreitung des Evangelii in denen nachfolgenden Zeiten nicht gering gewesen. In eben diesem Jahr kam mit seinem Heer der Markgraf Albrecht von Brandenburg, that in dem Bißthum großen Schaden, würde auch der Kathol. Kirchen, besonders des Domstifts nicht geschonet haben, wann Er nicht durch Bitte und Vorstellung des Evangel. Magistrats, wie es selbst Eysengrein rühmt, abgehalten worden —

1555.

Endlich kam mit dem Jahr 1555 die erwünschte Zeit — der Reichstag zu Augspurg wurde ange-
sage —

sagt — der Magistrat gab seinem Gesandten die *Ordre*: mit allem Ernst und Eifer dahin zu trachten, daß einem jeden Stand frey stehen solte, sich einer von denen Religionen, der Römischen, oder der Augspurgischen Confeßion, wie er die getraue gegen den allmächtigen Gott zu verantworten, zu gebrauchen, und deren anzuhangen, auch daß keiner dem andern deßwegen vernachtheilen, bekriegen, oder des seinen entziehen, verändern, abwenden, oder beleidigen solte bis auf Vergleichung eines freyen *Concilii*: oder andere Wege ꝛc. Der Reichstag wurde gehalten — Der gnädige Gott richtete die Herzen der Rathschlagenden zur Einigkeit — und die christliche Kirche erhielte in diesem Jahr 1555 zu Augspurg, davor der Herr gelobet sey! den edlen Religions-Frieden.

B. **Von denen Kirchen und Lehrern in der Stadt vom Anfang der Reformation bis zum Religions-Frieden.**

Aus dem bisher angezeigtem erhellet gar deutlich, daß das reine Wort Gottes nicht nur von denen Evangelischen Gesandtschafts-Predigern in ihren Quartieren, sondern auch von einigen andern Speyerischen Predigern, besonders dem Diller fast in allen Kirchen, und von dem Eberhardt in der St. Egidien Kirch der Gemeinde seye vorgetragen worden.

Allein von denen Kirchen, welche Magistratus zum Evangelischen Gottesdienst erwehlt, und von denen Lehrern, welche Ebenderselbe bestellet und besoldet hat, merke man nachstehendes

I. Von denen Kirchen.

Die Stadt Speyerische Burgerschaft hatte theils vor, theils währendem großen Interregno denen vier Bettelorden, denen Barfüssern (die auch Franciscaner heissen) denen Augustinern, denen Predigern (oder Dominicanern) und denen Carmelitern Klöster und Kirchen erbauet und solche dotirt. Da nun diese Burgerschaft den Evangelischen Gottesdienst hier eingeführt haben wolte, so nahm der dazu ganz geneigte Magistrat

1. **Die Augustiner Kirche**, und stellte darinnen nach Pfingsten im Jahr 1540 den Diller öffentlich auf —

2. **Die Prediger**, oder Dominicaner Kirch in eben diesem Jahr 1540, und legte darinnen die Scholam senatoriam an —

Beede wurden gebraucht bis auf das Interim 1548 —

Zu diesen beeden gehört in unterschiedenem Betracht

3. **Die St. Egidien Kirche** in der Vorstadt — vor dem Alt- und Neupörtel, in welcher auch einige Jahre vor dem Rel'g. Frieden das Evangelium rein und frey verkündigt worden.

II. Von denen Predigern — deren

A. Erste und eigentliche, **Michael Diller**, ist. Er war vorhero Prior in oft berührtem Augustiner Kloster — von dem Magistrat im Jahr 1538 in der Stille angenommen, und im Jahr 1540 öffentlich vorgestellet als R. St. Speyerischer Evangelischer Prediger, oder nach dem gewöhnlichen Wort, als Prädicant. Er mußte etlichemal, im Jahr 1548 aber völlig die Stadt räumen.

Er wurde nachhero Superintendent und Hofprediger zu Neuburg bey dem Pfalzgrafen Otto Heinrich

rich) — Und als dieser Churfürst in der Pfalz wurde, kam Er mit Ihm nach Heydelberg, wo Er auch 1570 starb.

Anmerkung.

Der berühmte Herr von Seckendorf in seiner ausführlichen Geschichte des Lutherthums — der gelehrte Herr Salig in der vollständigen Historie der Augspurgischen Confeßion, und Herr Struv in der Pfälzischen Kirchenhistorie ꝛc. geben vor, Otto Heinrich hätte sich in Ansehung der Reformation seiner Landen im Jahr 1542. Dillers, eines gewesenen Augustiners, der damalen sein Hofprediger war, bedienet ꝛc. Allein wie unrichtig diese Erzählung seye, läßet sich leicht aus obigem ersehen, da Diller bis 1548 hier geprediget. Schriftliche oder auch mündliche Anleitung, da Diller etlichemal von Speyer entfernt seyn mußte, oder da Otto Heinrich öfters auf den Speyerischen Reichstägen war, aber nicht als Hofprediger hätte Er ihm geben können. Ueber dieses habe ich viele Briefe von Diller, NB. im Original, welche Er seit seiner Vertreibung im J. 1548 bis 1557 an den hiesigen Magistrat geschrieben. In denen ersten finde ich kein Wort von einem Dienst, vielweniger von einer Hofpredigerstelle — Erst in einem vom Jahr 1554 gedenket Er seines gnädigsten Fürsten und Herrn — und als Hofprediger unterschrieb Er sich in einem vom Jahr 1555. Zum

Zum Michael Diller setze ich
B. **Den Anton Eberhard**, Pf. an der St. Egid. Kirch, weil Ihm der hiesige Magistrat von Zeit zu Zeit eine Verehrung gegeben. Wie lange Er an dieser Kirch gestanden, finde ich nicht. Aber das merke ich an:

Georg Muspach, ein Licentiat und Vicarius kam im Namen des Bischoffs den 26 Jun. 1540 beym Magistrat klagend ein — er höre, daß der Prior Diller und der Egidien-Pfarrer Eberhard nach der neuen Hand (ein damals gewöhnlicher Ausdruck, wann man die Evangelische Lehre vorstellen wolte) predigen — NB. Er wolle den Egidien-Pfarrer eyne Zeyttlang abthun, vnd eynen andern dohin verordnen, domit man nitt Vrsach hätte, dohin zu lauffen ꝛc. da aber der Magistrat Ihm in der Antwort Mitwochs nach Peter und Paul melden ließ:

„Den Pfarrherrn zu St. Gilgen, so sich bißher on
„ergerniß wol In seinem leben vnd der Kirchen, wie wir
„bericht, gehalten, abzuthun, will sich keines wegs ge-
„ziemen, dann was auß demselben vor eine Vnrhue
„vnd empörung eentsteen vnd wem dasselbige am mei-
„sten zu Nachtheil rüren mögt, das mögt Jr, der Vi-
„cari wol zu erwegen ꝛc. so vnterblieb es zwar — doch
„im Jahr 1543. war Er weggeschafft ꝛc.

II. Ab-

II. Abschnitt,

von denen

Kirchen,

in welchen

der Evangelisch-Lutherische Gottesdienst gleich nach dem Religions-Frieden — und bis auf die Zerstörung der Stadt

also von 1556 bis 1689

gehalten worden, sammt dem Verzeichniß aller Prediger.

    A. Von denen Kirchen.
    B. Von denen Predigern.

A. Von denen Kirchen nach dem Relig. Frieden.

Kaum schenkte Gott der Evangelischen Kirche in dem Jahr 1555 zu Augspurg den edlen Religions-Frieden, als sich der hiesige Magistrat höchstens angelegen seyn ließ, solchen zur Ehre des göttlichen Namens, Ausbreitung des Evangelii, und zum Besten der Evangelischen Burgerschaft anzuwenden.

Um diesen Endzweck zu erlangen, sorgte man

A. Vor Kirchen, und

B. dieselben mit rechtschaffenen Predigern zu versehen, wozu der Herr seinen Seegen reichlich gab.

A. Von denen Kirchen.

Der Magistrat widmete also von neuem

I. Die Augustiner Kirche

gleich mit dem Anfang des Jahrs 1556 dem Evangelischen Gottesdienst — da aber solche einer so zahlreichen Gemeinde gar bald zu klein worden, so bereitete man zu gleichem Gebrauch etliche Jahre nachher, im Jahr 1561.

II. Die St. Georgen oder Hospital-Kirche,

in welcher E. E. Rath das Jus Patronatus auch in denen ältesten Zeiten ausgeübet hatte.

Allein

Allein auch diese konnte die täglich zunehmende Evangelische Gemeinde nicht fassen — besonders da das Kaiserliche Kammergericht nach und nach mit mehreren Evangelischen Assessoren, Advokaten, Prokuratoren, und andern dazu gehörigen Personen besetzet wurde. Dahero dachte der Magistrat an Errichtung einer größern Kirche — dazu erwählte derselbe in dem Jahr 1569.

III. Die Prediger oder Dominicaner Kirche.

In diesen dreyen Kirchen, der Augustiner, St. Georgen, und Prediger-Kirche hatte die Evangelische Gemeinde ihren Gottesdienst in vollkommener Ruhe und Frieden, bis auf das Jahr 1628. dann in diesem Jahr, also noch vor dem bekannten Restitutions-Edict, mußte man denen Mönchen diese letztere, nemlich die Prediger-Kirche gänzlich überlassen. Deßwegen war höchst nothwendig, daß

IV. eine neue Kirche

erbauet wurde. Es geschahe auch dieses durch Veränderung eines großen Saals in dem sogenannten Retscher, oder Retschin in eben gedachtem Jahr 1628 —. Eingeweihet aber wurde sie erst das Jahr darauf, 1629. Und obgleich die Mönche die Prediger-Kirch nach dem Westphälischen Friedensschluß der Evangelischen Gemeinde auch wieder geben musten, so wurde doch
der

der Evangelische Gottesdienst in der neuen Kirch bis zum Brand der Stadt fortgesetzt: doch eben so in der Prediger-Kirch —

Bey der Beerdigung der Verstorbenen die Leichenbegleiter an den Tod, und zugleich an eine ernstliche Vorbereitung zu einem seeligen Sterben zu erinnern, ist heilsam und nöthig. In dieser Absicht wurde sogleich nach dem Religions-Frieden, und zwar mit dem Jahr 1556

V. die Gottes Acker-Kirche

dazu bestimmet, daß in solcher bey der Beerdigung gemeiner Evangelischer Burgerschaft, welche nicht nur diese Kirche erbauet, sondern auch den Gottes-Acker selbst durch milde und ansehnliche Stiftungen errichtet hatte, erbauliche Leichen-Predigten solten gehalten werden —

Als nachhero in dem Jahr 1585 das Kloster zum heiligen Grab, in der Vorstadt, Alt-Speyer, gelegen, von dem Durchl. Haus Württemberg der hiesigen Reichsstadt käuflich überlassen wurde, so soll von Seiten des Evangelischen Raths (so ist die Sage) beschlossen worden seyn,

VI. Die Kirche zum heiligen Grab

also zu gebrauchen, daß wenigstens alle grüne Donnerstag darinnen geprediget, und das heilige Abendmahl

mahl zum Andenken der geschehenen Stiftung am Abend jenes Tages ausgetheilt werden solle.

Endlich kann zu diesen sechs Kirchen in mancherley Betracht

VII. die St. Egidien Kirche

vor dem Alt= und Neupörtel gezehlet werden. Von dieser, so wie von denen vorher gemeldeten Kirchen, ingleichem von dem Simultaneo, welches in einer und der andern Kirche eingeführet war, werde ich bey Gelegenheit ausführlicher handlen, und jetzo die Fehler, welche in Beschreibung der St. Egidien Kirche (man sehe die Weim. Acta — pag. 650) gemacht worden, anzeigen und verbessern.

Es stehet daselbsten:

„Noch 1556 zu Zeiten Churfürsts Otto Heinrich,
„als allgemeinen Reformatoris in der Pfalz, und
„bis 1584 ist sie mit Evangelischen Pfarrern be=
„setzt gewesen. Als aber Pfalzgraf, Johann Ca=
„simir, Vormund Churfürsts, Friedrich des IV.
„die Reformirte Religion allenthalben einführte,
„ist von ihm auch der Evangelische Pfarrer zu St.
„Egidien, Amandus Beurer, abgeschaft worden,
„und hat diese Kirche hernach auch die Aenderung
„erlitten, in welcher selbige dato durch deren Ver=
„wand=

„wandlung in eine Capuciner Kloster Kirche sich
„befindet.

Man beobachte gegen diese Erzählung folgende
gegründete Umstände —

Nicht 1556 bis 1584 ist sie mit Ev. Pfarrern besetzt gewesen. Dann a) findet man in denen hiesigen Urkunden, daß erst im Januario 1572. der an der Egidien Kirche gestandene NB. Katholische Pfarrer, Jost Neblich, bey dem hiesigen Stadtrath mit einer Klagschrift wegen Gewaltthätigkeit des Eisenthaler Kellers, welcher ihm sein Pfarrhaus versperret, eingekommen, und Hülfe begehrt, daraus klar zu erkennen, daß diese Kirche bis 1572 keinen Evangelischen, sondern Katholischen Pfarrer gehabt.

b) Erst in diesem Jahr 1572 hat Churfürst Friedrich der III. einen Pfarrer, Namens Johann Willing, eingesetzt; nachdem er dem Magistrat die Anzeige hat thun lassen: Willing werde mit des Raths-Prädicanten in der Lehre eins seyn. Es zeigte sich aber nachhero, daß der Pfarrer so, wie der Churfürst, reformirt gesinnt gewesen.

c) In dem Jahr 1574 war ein Reformirter Pfarrer, Namens Infantius, an der Egidien-Kirche gestanden, welcher aber wegen einem Aufruhr, im Jahr 1577. von Churpfalz selbst abgesetzt worden.

Struv in seinem ausführlichen Bericht von der Pfälzischen Kirchenhistorie beschreibet dieses pag. 297. also:

„Dieweil man auch die Reformirte Prediger al-
„lerhand Unruhen und Unfugs beschuldigte, wur-
„den sie überall ab- und an deren Stelle Luthera-
„ner eingesetzt.

„Insbesondere hatte Churfürst, Friederich der
„III. in der Vorstadt zu Speyer in der Kirche zu
„St. Egidien eine reformirte Kirche angelegt, bey
„welcher damals einer, Namens Infantius, Pre-
„diger war. Dieser wurde angegeben, als hätte
„er seine Zuhörer wider die Obrigkeit erregt, und,
„**wie eydlich bestärket worden**, eine Conspi-
„ration angesponnen, daß sie die Stadt an ver-
„schiedenen Orten in Brand stecken, die Raths-
„personen massacriren, der übrigen Kirchen in der
„Stadt sich bemächtigen wolten: Zu welchem En-
„de berührter Prediger etliche Tonnen Pulver in
„seinem Keller verborgen gehalten, welches auch
„durch verschiedene in die Häuser und Fenster ge-
„worfene Zettul kund gethan worden. Der Rath
„schickte an den Churfürst, ließ ihm die Gefahr
„vorstellen, auch die Sach an den Kaiserl. Hof
„gelangen: Ja die Camerales schrieben auch deß-
„halben an den Churfürsten, welcher so fort zwey
„Vor-

„Vornehme von Adel nach Speyer abschickte, mit
„Befehl, ohne einige Ausnahme, den Infantius
„abzusetzen, welche auch dasjenige, was Ihnen be-
„fohlen, treulich ausrichteten, denen Reformirten
„die Kirche verschlossen, und solche denen Luthe-
„ranern einraumten —

Von diesem 1577 Jahr an bis auf das Jahr
1584 war demnach diese Egidien-Kirche eine Evangelisch-Lutherische Kirche, und der Pfarrer hieß
Amandus Beurer —

In gedachtem Jahr 1584 gieng abermal eine
Veränderung in dieser Kirche vor — der Pfalzgraf, Johann Casimir, führte nemlich in der Pfalz aller Orten die reformirte Religion ein, und verjagte die Evangelischen Prediger — Gleiches Schicksal betraf hier
den Amandus Beurer; der Pfalzgraf setzte Ihn ab,
und gab die Kirche, nachdem Er sie denen Evangelischen genommen hatte, denen Reformirten — Er
besetzte die Kirche sogleich mit einem Reformirten Prediger, dem Johannes Anconius, auf welchen noch
einige andere gefolgt sind — Allein auch die Reformirten behielten diese St. Egidien-Kirche nicht —
sondern sie wurde Ihnen in dem 30 jährigen Krieg
entrissen, und denen Capucinern gegeben, welche ge-
dachte Kirche viele Jahre, aber nicht beständig, noch
weniger ruhig besessen. Man lese das Instrumen-
tum

tum P. W. und die Executions-Acta — Oben angeführter Struv schreibet pag. 581 und 909 ꝛc.

„Nicht minder hatten auch die Capuciner duran-
„te bello in der Vorstadt in Speyer vor dem Alt-
„pörtel sich des Egidien Closters und Kirche be-
„mächtiget, und von 1624 an besessen ꝛc. Allein
„der Churfürst stellte in seiner Information vom 26
„Oct. 1649 die wahre Beschaffenheit dieser Egidien-
„Kirch und Closter vor, und da kam den 2 Nov.
„1649 das Immissions-Decret — Herr Carl Lud-
„wig wird in das, so das Churhaus Pfalz vor der
„Böhmischen Unruhe zu Speyer in der Vorstadt,
„an dem Ort und Platz, wo anjetzt der P. P.
„Capuciner Closter stehet, gehabt, und dessen Re-
„stitution begehrt — die Restitution zuerkannt —

Ja man weiß, daß die Churpfälzischen Commissarii bereits im Jahr 1633 darinnen haben predigen ꝛc. die Creutzer vor der Capuciner Kirche weghauen, und sogar den 24 Decembr. im J. 1649 die Capuciner hinaustragen lassen. Aber freylich haben die Kriege am Rheinstrom und die Nimweg-Ryßwik- und Badische Friedens-Schlüsse die Sache sehr geändert, und die Capuciner sind dermalen ruhig darinnen. So viel von dieser Kirche!

B. Von

B. Von denen Predigern

I. überhaupt

a) der Anzahl
b) denen Namen
c) der Beförderung
d) dem Rang nach

II. besonders

a) nach denen Jahren ihres Berufs,
b) nach denen Kirchen, an welchen sie als Pfarrer gestanden, samt dem Verzeichniß der Diakonen ꝛc.

B. Von den Predigern nach dem Rel. Frieden.

I. Von denen Predigern überhaupt.

und zwar

a) von der Anzahl der Prediger.

In denen Weim. Actis stehet pag. 660 und 661. not. 5. hievon folgender Bericht:

„Derer Herren Geistlichen sind vor der Zerstörung
„gemeiniglich viere gewesen, deren der letztere die
„Stelle eines Diaconi vertretten. In denen
„ältern Zeiten waren drey, bisweilen auch zwey.
„Doch waren im Jahr 1573. ihrer viere, als
„Schober, Mailander, Ebenreich und Reissen-
„zahn. In dem dreyßigjährigen Krieg, und
„ohnerachtet die vornehmste Kirche an die Pre-
„diger-Mönche abgegeben werden mußte, findet
„man deren fünfe, wie denn 1623. beysammen
„im Ministerio waren M. Leißler zu den Pred.
„M. Bickjan zu August. M. Wartzembach zu
„St. Georg — M. J. Th. Phryßius — und
„Heinrich Poley — und im Monat August 1644.
„D. Schragmüller, Gauß, beede Ursini, Ge-
„brüdere, und Geyfertus —

Es ist aber dieser Bericht größtentheils unrichtig. Dann

1) nicht erst im Jahr 1573, sondern schon 1569. waren vier Prediger im hiesigen Mini-

sterio. Dieses nämlich übergab in gemeldetem Jahr 1569. im August-Monath einen kurzen Bericht — gleichsam die erste Agenda Spirensia — dem Magistrat, und da findet man folgende Unterschrift: M. Johann Reussenzein, Georgius Ebenreych, Johann Othmar Maylander, Clemens Schubert.

2) Wie kann Schober im Jahr 1573. annoch im Ministerio gewesen seyn? da Er nach pag. 652. den 2. Febr. 1559. gestorben. Es sollte Schubert heißen.

3) Eben so wenig kann Seufert, (nicht Geysertus) im Monath August 1644. in demselben gestanden seyn, da Er erst zu Ende des Jahrs 1644. (nicht aber 1645.) dazu berufen worden. Es ist zwar wahr, in einer den 26. August gedachten Jahrs 1644. dem Magistrat überreichten Supplikation der sämmtlichen Kirchen- und NB. Schuldiener kommt nach dem Namen der vier Prediger auch Martinus Seufert vor. Allein damals war Er noch Rector Gymnasii, so wie sich nach ihm seine Collegen Weinheimer Conrector, Bärthelmann, Kraft und Schwengks namentlich unterzeichnet haben.

4) Auch

4) Auch lange vor dem dreyßigjährigen Krieg, nämlich schon im Jahr 1603. waren fünf Prediger dahier.

Man merke also in Ansehung der Prediger Anzahl nachstehendes gewisse:

So lange der Evangelische Magistrat nur eine, nämlich die Augustiner Kirche, hatte, so lange waren auch nur zwey Evangelische Prediger, ein Früh= und ein Nachmittags=Prediger an gedachter Kirche, und dieses vom Jahr 1556. bis 1561. Als aber der Magistrat in dem Jahr 1561. die St. Georgen Pfarrkirch gleichfalls zum Evangelischen Gottesdienst gewiedmet, so nahm man einen besondern St. Georgen Pfarrer an, folglich waren drey im Ministerio — Endlich kam im Jahr 1569. die Prediger=Kirche dazu. Daher berief der Magistrat den vierten. So bestunde das Ministerium Spirense von 1569. bis 1603. aus vier Predigern, deren drey die eigentliche Pfarrer waren, der vierte aber den Namen eines Nachmittags=Predigers, oder Diaconi hatte — (ob ich gleich auch gefunden, daß in unterschiedenen Jahren nur drey beysammen waren, welche sich aber wegen über=

häuf=

häuften Geschäften manchesmalen beklaget, und um Besetzung der offenen Stelle gebeten.)

Als nun im Jahr 1603. drey hiesige Prediger krank lagen, und es dem vierten nicht möglich war, alles zu verrichten, so wurde der Pfarrer zu Maubach, M. Jak. Bickian den 22. Jun. ej. anni berufen, im hiesigen Predigtamt zu helfen — Er kam und blieb — So waren von diesem Jahr an fünf Prediger, bis 1646, da Magistratus die 5te Stelle eingehen ließ — Und da zwischen dieser Zeit öfters nur vier im Ministerio waren, so versahe ein Lehrer des Gymnasii des Fünften Stelle, zu Zeiten auch des Quarti ꝛc. gleichwie auch die Prediger manchmal an dem Gymnasio lehrten: Doch ist die **Erzehlung** von einer wechselsweisen Hülfe, welche in der kurzgefaßten Nachricht Num. 6. vorkommt, **nicht ganz recht.** Es heißt pag. 661. „daß in denen erstern „Reformations-Jahren und bis zur vollständigen „Einrichtung des Schulwesens die Herren Geistlichen „der Information in der lateinischen Schul sich un„terzogen, nicht weniger die Weltlichen auf der „Canzley das Rectorat zugleich versehen haben.

a) Das Gymnasium wurde 1612. vollständig eingerichtet — fünf Lehrer in fünf Schulen, nach denen vorhandenen gedruckten Zeugnissen, aufgestel-

B. **Von denen Predigern**

ſtellet, und doch findet man, daß NB. auch nachhero die Prediger am Gymnaſio docirt. z. B. Der Rector Himmel kam im Jahr 1615. ins Speyeriſche Miniſterium, mit dem expreſſen Vorbehalt, täglich eine Stunde am Gymnaſio zu lehren, wie Er auch würklich im Jahr 1616 das hiſtoriſche Penſum gehabt — So hat der Pfarrer Johannes Leißler im Jahr 1614. Theologica &c. geleſen — So lehrte im Jahr 1615. der hieſige Diaconus Warzembach das Hebräiſche öffentlich an dem Gymnaſio ꝛc.

b) Daß die Weltlichen auf der Canzley das Rectorat zugleich ſollten verſehen haben, fand ich auſſer dem Clodius nicht.

2. Von

b. Von denen Namen der Prediger.

Die ältesten Lehrer der hiesigen Evangelischen Kirchen wurden von dem Magistrat als Prädicanten des Evangelii — des Wortes Gottes — berufen, und so unterschrieben sie sich auch. Mailander war der erste, der den Namen eines Pfarrers erhielt — Nachhero wurde dieser Name Pfarrer demjenigen Geistlichen von E. E. Raths wegen ertheilt, der die Frühpredigten, und alle gewöhnliche Pfarrverrichtungen hatte. — dergleichen waren nur drey im Ministerio beysammen. Dazu kamen diejenige, welche des Nachmittags predigen, und dem Pfarrer bey Administrirung des heiligen Abendmahls und sonsten Handreichung thun musten. Diese bekamen den Namen eines Diaconi, Quarti, Ecclesiastæ, welche daher auch an keine gewisse Kirche gebunden, sondern in allen Kirchen, wo es nöthig war, helfen musten. Dieses ist die Ursach, daß ich solche Prediger nicht, wie es in denen Weim. *Actis* geschehen, unter die Pfarrer gesetzet, sondern ein besonders Verzeichniß derselben gemacht habe.

Ingleichem findet man das Wort Senior. In der kurzgefaßten Nachricht stehet nicht, und ich habe es auch bey allem Nachforschen bisher nicht finden können, wann dieser Name aufgekommen. D. Himmel wird zwar in denen Weim. Actis pag. 654. der erste

erſte Senior des Miniſterii zu Speyer genannt, allein man erwäge, was ich dagegen unten anführen werde. Ingleichem wird noch eines Seniors, des D. Schragmüllers, pag. 659 gedacht. Man merke aber, daß ihrer mehr als zwey geweſen. Dann dieſen Namen hatten folgende Speyeriſche Prediger, ohne die beede genannte, wann anders D. Himmel denſelben vom Magiſtrat erhalten:

1) M. Bickzan — ſo nannten ihn ſeine Collegæ in einer im Jahr 1631. dem Magiſtrat übergegebenen Schrift.

2) Johann Peter Weidemann — Er unterſchrieb ſich allezeit — Senior Miniſt. Spir. — von Schragmüllers Todt an —

3) Guſtav Adolph Hiltebrandt — In das noch vorhandene St. Georgen Taufbuch ſchrieb Er mit eigener Hand folgendes — Guſtavus Adolphus H.ltebrandt Stargardia — Pomeranus, der Stadt Speyer dreyßig Jahr lang geweſener Prediger, des Miniſterii Senior und Conſiſtorii Aſſeſſor — jetzo aber hochfürſtlich Heſſen Caſſel. beſtalter Luth. Inſpector Goarenſis.

Daß dieſe Seniores nach pag. 660 vermuthlich in allen drey Kirchen hätten predigen können, iſt nicht wahrſcheinlich. Dann eine ne jede Pfarrkirche hatte ihren eigenen Pfarrer, so wie jeder Senior seine besondre Pfarrkirche hatte, in welcher Er seine Frühpredigt ablegen muste.

Z. B.

Der Senior D. Schragmüller war Pfarrer in der Neuen- und nachhero in der Prediger-Kirch, und in dieser hatte Er auch seine Sonntags Früh- oder sogenannte Amts-Predigt —

Der Senior Weidtmann war Pfarrer in der Augustiner Kirche, der Senior Hiltebrandt war Pfarrer in der St. Georgen Kirche, und jedem derselben kam es zu, in seiner Pfarrkirch zu predigen.

Daß sich endlich nach eben dem No. 3 D. Himmel solte einen Pfarrer aller drey Kirchen geschrieben haben, konnte ich wenigstens seithero nicht finden. Aber dazu hat Himmel sich den 24 Jan. 1615 erbotten; weil man Ihm den Titul eines Pfarrers nicht geben wolte, so wolle Er sich NB. einen *Ministrum Ecclesiarum* nennen — und er erbiete sich, NB. in allen Kirchen zu helfen. Redet und schreibet wohl auf diese Art ein zum obersten Pfarrer und Senior eines Ministerii bestimmter Prediger?

3. Von

c. Von denen Beförderungen und Versetzungen der Prediger aus einer in die andere Kirche —

Die Nachricht davon lautet in den Weimarischen Act. pag. 660. also:

„Wie und wann bey jedem Subjecto die Trans-
„location von einer Kirche zur andern geschehen, findet sich so genau nicht; ist also kaum
„mehr auszumachen, jedoch aus einigen Bey-
„spielen so viel abzunehmen, daß die Beförde-
„rungen aus der Augustiner- in die Prediger-
„oder Georgen-Kirche geschehen sind ꝛc.

Daß diese Nachricht ohne Grund sey, wird man aus denen nachfolgenden Verzeichnissen der Geistlichkeit zu Speyer deutlich sehen. Man darf nur 1. überhaupt betrachten, wie und wohin die Prediger seyen berufen worden, und alsdann 2. untersuchen, ob sie an ihrer Stelle geblieben, oder ob und wohin sie seyen gesetzet worden, so wird man sehr leicht finden, wie eine Translocation oder Beförderung geschehen?

Einige sind sogleich an eine gewisse Kirche berufen worden, und daran bis an ihr Ende geblieben,

E als

als Schober an die Augustiner = Kirch, und Er starb als Augustiner = Pfarrer —

— Mailänder an die St. Georgen = Kirch, und Er starb als St. G. Pf.

— Reissenzein an die Prediger = Kirch, und Er starb als Pfarrer an dieser Kirch —

Andere sind aber von der Kirche, an welcher sie anfangs gewesen, weg, und an eine andere gekommen, z. B. So kam Wieland zuerst an die St. Georgen = und alsdann an die Augustiner = Kirche, ein Beyspiel, welches das Gegentheil obiger Nachricht beweißt —

Johannes Leißler war zuerst an der Augustiner, und nachmals an der Prediger = Kirche —

Jakob Bicksan war anfangs an der Augustiner, und darauf an der St. Georgen = Kirche —

Ingleichen kamen etliche als Diaconi, Quarti, oder als Ecclesiasten ins Ministerium, deren etliche z. B. Bayer, Phryßius, Pfaff, als Diaconi ꝛc. gestorben — andere aber, z. B. Warzenbach an die St. Georgen — Weidtmann an die Augustiner — Willius an die Prediger = Kirche als Pfarrer berufen worden sind.

4. Von

d. Von dem Rang der Prediger.

Die Pfarrer sollen nach denen Weimarischen Actis pag. 660. Num. 2. "außer denen "Herren Senioribus und Graduatis nach dem "Dienst-Alter ihren Rang untereinander genommen, "und in denen ersten Zeiten keine Kirche vor der an- "dern einen Vorzug gehabt haben, bis die Prediger- "Kirch von E. E. Rath den 5. Jul. 1625. für die "vornehmste erkannt, und dem Pfarrer daselbst der "erste Rang zugestanden worden.

Auch da finde ich theils das Gegentheil, theils andere Nachrichten.

1) Vom Rang nach dem Dienst-Alter. Dieses müßte, da keine vestgesetzte Ordnung vorhanden, aus Unterschriften bewiesen werden können. Aber eben da finde ich z. B. bey einer im Jahr 1569. dem Ma- gistrat überlieferten Schrift, daß die neuangenomme- ne Prediger Reissenzein und Ebenreych dem Mailan- der, der schon acht Jahr an der St. Georgen-Kirche als Pfarrer war, und dem Schubert, der schon über zehen Jahre in der Augustiner-Kirche geprediget, vor- gesetzet sind.

2) Von dem Vorzug der Prediger-Kirche seit 1625. Dagegen streitet ein Gutachten, welches der Pfarrer Phryßius im Jahr 1615. ohngefähr im Octo-

ber dem Magistrat gestellet hat, man sollte nämlich dem D. Himmel die Nachmittags-Predigt nebst der Sonntäglichen Epistel Auslegung in der Prediger-Kirche für diesesmal befehlen, *propter* NB. *templi prioritatem*; & ex omnibus reliquis scholis & templis conventus celebritatem.

3) Daß dem Pfarrer an der Prediger-Kirche der erste Rang von E. E. Rath gegeben worden, ist ebenfalls gegen die vorgefundene Unterschriften, z. B. im Jahr 1679. übergab das hiesige Ministerium eine Bittschrift, welche die Geistliche folgendermaßen unterschrieben haben:

Joh. Peter Weidtmann, Pastor ad Div. Augustinum & Ministerii Senior.

Gustav Adolph Hiltebrandt, Pastor ad D. Georg. & Insp.

Joh. Conr. Willius, NB. dieser war Pfarrer an der Prediger-Kirche, und doch stehet Er nicht nur unter dem Senior Weidtmann, sondern auch unter dem St. Georgen-Pfarrer Hiltebrandt.

Johann Adam Haßlocher; dieser war Diaconus.

In Ansehung des Rangs kam es auf die Verordnung E. E. Raths an; wem derselbe den Vorzug gab, der hatte ihn.

II.

II.
Von denen
Predigern
besonders

a) nach

denen Jahren ihres Berufs,

von 1556. bis 1689.

I. Verzeichniß
der
Evangelischen Prediger.

Im Jahr 1556.

Jakob Schober — war vorher Pfarrer zu Langenkandel — nicht erst den Montag nach Quasimobogeniti 1556. wie es unrichtig in den Weimarischen Actis 1. B. pag. 652. steht, sondern mit dem Anfang dieses Jahrs hieher an die Augustiner-Kirche berufen. Dann schon den 30. Jan. h. a. schrieb Schober von Landau aus:

„Der Landschreiber von Minfeld hat vor 14.
„Tagen den Kirchen-Geschwornen zu Kandel
„befohlen, mit mir abzurechnen, weil ich die
„Pfarrey *resignirt*, und so könte ich uf
„die Fronfasten Invocavit abziehen,
„welches ich auch Ew. Weißheit ange-
„zeigt. Ich wollte es auch diese Woche noch
„halten — Wie ich aber von Speyer nach
„Kandel kommen bin, ist der Pfarrer von Min-
„feld gestorben, und der zu Freckenfeld ist
„kranck, als durch welche meine Pfarr hat sol-
„len versehen werden. Jetz hat es der Land-
„schreiber verbieten lassen. — ich soll bis Ostern

„warten, oder einen andern stellen. Ich bie=
„te mich an, alle Woche einmal nach Speyer
„zu kommen, zu predigen, die Sacramenten
„zu reichen dem, der sie begehrt ꝛc.

Er hielt auch würklich an der ersten Mit=
woch in der Fasten gedachten Jahrs seine erste
Predigt in der Augustiner=Kirche, und theilte
darinnen auf das Heil. Osterfest das erstemal of=
fentlich das Heil. Abendmahl aus — Er war der
Frühprediger, oder eigentlich der Pfarrer an der
Augustiner=Kirche —

Er starb den 2. Febr. 1559.

1 5 5 6.

2. **M. Heinrich Ringelstein**, vorher Pfarrer zu
Rotenberg, **nicht** aber Totenberg, in Franken —
an die hiesige Augustiner=Kirch als Nachmittags=
Prediger, oder **Helfer**, berufen, nicht am 2ten
Sonntag nach Trinitatis 1556, sondern gleich=
falls mit dem Anfang dieses Jahrs — Es erhellet
solches aus einem Schreiben des Burggraven zu
Rotenberg an den Speyerischen Magistrat dd. 30.
Merz —

„Ew. Schreiben wegen meines Pfarrer —
„Ringelsteins — daß Ihr ihn angenom=
„men habt, habe ich nebst eurer angeheften
„Bitt,

a) nach den Jahr. ihres Berufs v. 1556. bis 1689. 73

„Bitt, ihn auf das eheste zu erlauben, ver-
„nommen ꝛc. dieweil er sich zu euch ver-
„sprochen, will ich ꝛc.

Aber seine Antritts- oder erste Nachmittags-Predigt legte Er am 2ten Sonntag nach Trinit. in
dieser Kirche ab —

Nach Schobers Tod — 1559. — **wurde Er
Frühprediger** —

Er starb zu Heydelberg den 19. Febr. 1569.

1 5 5 9.

3. **Clemens Schubert, nicht** Schuber —

Er wurde vor Ostern 1559. als Nachmittags-Prediger in die August. Kirch berufen —

und starb 1575.

1 5 6 1.

4. **Johann Othmar Mailander,** vorher Stadtpfarrer in Aurach —

Er wurde, da hiesiger Stadt-Rath im Jahr
1561. die St. Georgen-Pfarrkirch mit einem
Evangel. Lutherischen Prediger besetzen wollte,
als **Pfarrer** in diese Kirche berufen — Er hielt
seine Probpredigt den 23. Jun. — und zog
nachhero den 17. Jul. würklich auf.

Er starb den 16. April, **nicht** 1572. sondern 1573.

E 5   1569.

1569.

5. **M. Johannes Reissenzein**, so schrieb Er sich, und nicht Reissenzahn. Er war vorher Kirchenrath und Stadtpfarrer in Durlach — Er erhielt vom hiesigen Magistrat, welcher im Jahr 1569. auch die Prediger — oder — Dominikaner-Kirch zum Evangel. Gottesdienst bestimmt, den Ruf als der erste Pfarrer an die **Prediger-Kirch** — in welcher Er den 12. Jun. nicht Jul. 1569. das erstemal predigte, den 22 Aug. das erste Ehepaar einsegnete, den 2. Oct. das H. Abendmahl zum erstenmal austheilte, und den 7. Dec. ej. a. die erste Kindtauf verrichtete —

Er starb im Jahr 1573.

1569.

6. **Georg Ebenreych** — Von diesem stehet in der kurzgefaßten Nachricht pag. 658. mehr nicht, als — er seye 1577. wegen Unbescheidenheit mit Schänden und Schmähen von der Kanzel seiner Dienste entlassen worden, ohne seiner *Vocation* zu gedenken — ich finde ihn aber schon im Jahr 1569, als in welchem Er nebst Reissenzein, Mailander und Schubert im Augustmonat einen kurzen Bericht, wie die Ritus in der christlichen Kirche zu Speyer zu ändern und zu verbessern — durch die

a) nach den Jahr: ihres Berufs v. 1556. bis 1689. 75

die Prädicanten gestellt — unterschrieben hat. Er gehört auch **nicht** unter die Pfarrer an der Prediger-Kirche, als unter welchen Er in denen Weim. Actis gesetzt ist; die Ursach ist —

Der Prediger Pfarrer Reissenzein starb 1573. Bernhard Bernhart kam bereits den 1. May ej. a. an des Reissenzeins Stelle — und blieb an dieser Kirche bis 1584. — Es waren aber damals in keiner als der Augustiner-Kirche zwey Prediger ꝛc.

Ebenreych kam vielmehr nach Ringelsteins im Jahr 1569. erfolgtem Absterben in die Augustiner-Kirche neben den Schubert — und nach Mailanders Tod kam Er im Jahr 1573. an die St. Georgen Pfarrkirche, bey welcher Er bis zu seiner Entlassung — am Ende des Jahrs 1576., also nicht 1577. gewesen war —

1 5 7 3.

7. **Bernhard Bernhart** — von Frankfurt. Er war vorhero in Nassau-Dillenburgischen Diensten — Nachdem er in dem Jahr 1573. als **Pfarrer** an die Prediger-Kirche berufen worden, zog er hier den 1. May sogleich auf — Er kündigte den 28. Merz 1584. dem Magistrat auf, und wurde Pfarrer und Superintendent zu Wißloch in der Pfalz —

8.

1573.

8. **Gottfried** — N. N. Unrichtig ist es, daß dieser Gottfried in denen Act. p. 653. vor dem Schubert gesetzt ist, dann Schubert war, wie schon gezeigt worden, im Jahr 1559. hieher und dieser Gottfried kann nicht eher als gegen den Herbst des Jahrs 1573. gekommen seyn — Ueberhaupt traf ich bey vielem Nachsuchen weiter nichts von diesem an, als daß dessen Namen in einem Schreiben des Pfarrer Bernharts an den Magistrat dd. 7. Oct. 1575. mit folgender Erinnerung vorkommt: **Es gehet in das dritte Jahr, daß mir die versprochene** 50. fl. **für den Herrn Gottfried seelig unbezahlt, ich bitte darum** — Wann Er also hier Pfarrer gewesen, so müßte Er dieser Anzeige nach wenigstens vor dem Herbst 1573. gestorben seyn, weil es im Oct. ins 3te Jahr gegangen — Und da bey dem Anfang des Jahrs 1573. das hiesige Ministerium mit vier Predigern, dem Reißenzein, Ebentreych, Mailander und Schubert, also vollkommen, besetzt war, auch nach Absterben des Reißenzeins und Mailanders zu denen zwey noch lebenden, dem Ebentreych und Schubert, bereits den 1. May dieses 1573. Jahrs Bernhard Bernhart als Pfarrer gekommen, und der Speyr. Magistrat sich von Worms aus nach einem Schreiben

ben unter dem 13. May einen Prädicanten auf etliche Monat, bis der 4te in Speyer aufziehen würde, ausgebetten, welcher auch im May — Jun. — bis auf den 20. Jul. des 4ten Stelle vertretten, und nachher zurückgeschickt worden, so kann Gottfried nicht länger, als etliche Wochen hier als Prediger im Jahr 1573. gelebt haben; und in diesem, nicht aber im folgenden Jahr 1574. muß Er gestorben seyn —

1 5 7 4.

9. M. Georg Schöner. Auch von diesem stehet in denen Act. pag. 653. folgende weder hinlängliche noch wahre Nachricht — Wurde wegen Händel mit dem Pfarrer in der Egidien-Kirche 1575. dimittirt, ohne Anzeige seines Berufs — Man findet aber ganz deutlich, daß Er den 5. Nov. 1574. in einer lateinischen Supplik dem Magistrat seine Dienste angebotten, und darauf auch angenommen worden — Allein Er bekam bald darauf, nämlich den 13. Dec. mit dem Reformirten Pfarrer an der Egidien-Kirche Infantius (von welchem ich zu seiner Zeit ausführlich handeln werde) Streitigkeiten; Er zeigte solches sogleich den 18ten Dec. ej. a. dem Magistrat an, worauf Ihm aber noch den nämlichen Tag, also nicht erst

erſt im folgenden Jahr, das Decret iſt ſeiner Dienſte entlaſſen, zugeſchickt worden —

1575.

10. M. **Michael Piſtorius** — Er war vorher Special-Superintendent zu Neuſtadt am Kocher — legte hier den 27. Jan. 1575. ſeine Probpredigt ab, und wurde darauf Pfarrer an der Auguſtiner-Kirche — Er reſignirte zu End des Jahrs 1579, und wurde Special-Superintendent zu Reichenweiler — nicht Teichenweiler —.

1577.

11. M. **Wierich Wieland** — Er war zuvor Pfarrer zu Lußheim — hielte den 16. Dec. 1576. zwey Predigten hier — in der Georgen-Kirche des Morgends, und des Nachmittags in der Prediger-Kirche — Er bekam darauf eine Vocation als Pfarrer in die Georgen-Kirche, aber nicht im Jahr 1576. ſondern erſt 1577. worauf Er gekommen, und bis 1584. an dieſer Kirche geblieben. Er erhielte nämlich die Auguſtiner Pfarrſtelle, und ſtarb 1585. den 3. und nicht den 5. Nov. Dieß war NB. ſein Begräbniß-Tag.

1580.

12. **Theophilus Wagner** — von Siegen aus dem Naſſauiſchen. Er ließ ſich den 30. März 1580.

des

a) nach den Jahr. ihres Berufs v. 1556. bis 1689. 79

des Morgens und Nachmittags in der Prediger-Kirche hören — und wurde darauf als Pfarrer in der Augustiner-Kirche angenommen. Er war also nicht vermuthlich, wie es pag. 653. in der Weimarischen Nachricht steht, sondern würklich des Pistorius Nachfolger — Er behielt diese Augustiner-Kirche bis aufs Jahr 1584. also nicht bis an den Tod Wielands, wie es falsch pag. 653. heißt, sondern bis an dessen Versetzung aus der Georgen- in die Augustiner-Kirche — da Wagner an die Georgen-Kirche gekommen. Er ist aber nicht an dieser Georgen-Kirche geblieben, sondern nach Wielands im Jahr 1585. erfolgtem Absterben an die Augustiner-Kirche zurückgegangen — Er starb nicht den 24. Jun. sondern Januar. 1588.

1584.

13. **Amandus Beurer** — war vorher Evangel. Lutherischer Pfarrer an der hiesigen Egidien-Kirche, an welche Er den 2. März 1577. gesetzt worden. Er wurde aber vom Churpfälz. Administrator, Casimir, nach eingeführter Reformirten Religion im Jahr 1584. abgedankt — worauf Er vom hiesigen Magistrat nicht, wie es ohne Grund pag. 653. in denen Act. zu lesen, an die Augustiner, sondern Prediger-Kirche gesetzt worden — Sonsten wären in diesem Jahr 3. Pfarrer an der Aug. Kirche,
näm-

nämlich Theophilus Wagner, nach pag. 653.

Amandus Beurer, nach ebenderselben,

und Wierich Wieland, nach pag. 655.

und keiner an der Prediger-Kirche gewesen —
Ueber dieses nennet der gewesene Pfarrer an der Prediger-Kirche Bernhart in einem Schreiben an den Magistrat dd. 26. Nov. 1584. den Amandus Beurer seinen successorem — folglich gehört Er unter das Verzeichniß der Pfarrer an der Prediger-Kirche —

Er starb 1587.

1584.

14. **Georg Intelin** — Er stund vorher im Durlachischen — Er wurde den 14. Nov. 1584. hieher berufen als Prediger — bis Er 1585. Pfarrer in der St. Georgen-Kirche geworden. Er starb beym Anfang des Jahrs 1590. —

1588.

15. **M. Johannes Wild** — Nach den Jahren des Berufs siehet man, daß Wild nicht, wie es in den Weim. Actis pag. 656. stehet, dem Intelin vorgesetzt werden könne, da Intelin vier Jahr früher dahier im Predigtamt gestanden — Er sollte aber auch nicht unter denen St. Georgen-Pfarrern stehn — sondern sobald ihn Magistratus den 23. März

März 1588. von Dürmenz, nicht Dürrwangen, wo Er vorher Pfarrer gewesen, nach Speyer beruffen, so wurde Er Pfarrer in der August. Kirch nach Wagners Tode — Er resignirte im Jahr 1591. —

1 5 8 8.

16. **M. Chilian Paßauer** — In der Weimarischen Nachricht wird gesagt, es seye ungewiß, ob zwischen ihm und Bernhart eine Lücke sey — und seine Vocation ins Jahr 1593. gesetzt — Man sehe nach pag. 658. Allein da Pfarrer Bernhart 1584. resignirt, und Paßauer erst 1593. berufen worden seyn soll, so ists nicht nur nicht ungewiß, sondern ganz gewiß, daß zwischen beyden eine Lücke von 9. Jahren ist — Der Fehler ist also zu verbessern — Nach Bernharts Resignation im Jahr 1584. kam Amandus Beyrer an die Prediger-Kirch, wie vorher gezeigt worden, Beurer starb im Jahr 1587. — Ihm folgte nach Paßauer. Daß Er erst im Jahr 1593. sollte hieher berufen worden seyn, ist offenbar falsch. Dann in einem theologischen Bedenken, welches über die Frage, ob Einer seiner verstorbenen Frauen Bruders Tochter heurathen dörfe? von dem Ministerio im Monat Juli 1590. gestellet worden, unterschrieb sich schon Paßauer, und zwar zuerst, und alsdann

F

sei-

seine beede Collegæ — M. Johannes Wild und Nic. Phryßius — So ist aus seiner beym Magistrat übergebenen sogenannten Purgations-Schrift klar, daß Er gewiß m Jahr 1588. nach Speyer vocirt worden als Pfarrer an die Pred. Kirch. —

> NB. Er hat im Julio des Jahrs 1593. auf obrigkeitlichen Befehl das ordentliche Taufbuch an der Prediger-Kirch angefangen — Er starb den 25. Jan. 1614.

1 5 9 0.

17. M. Nicolaus Phryßius — von Bergzabern; war vorher nicht Pfarrer zu Anweiler, wie es in denen Weim. Act. pag. 656. steht, sondern er hielt sich nur damals daselbst auf, als Er den 31. Jan. 1590. an den Spenerischen Magistrat schrieb, und dieser den 2. Febr. ihm antwortete, und die Vocation zugleich zuschickte. Hier sind Phryßii eigene Worte:

> Ex patriæ meæ Ecclesia, Tabernæmonti quæ superest, mutatione nova cum removerer (Er war zuerst Diaconus zu Bergzabern) ad *Ecclesiæ Staincellis in ditione Vinstingensi* administrationem migravi vocatus — Offero vobis operam, studium &c. &c.

Er

Er kam sodann hier als Pfarrer zu St. Georgen an Intelins Stelle —

Unter Ihm ist das St. Georgen Kirch-Taufbuch auch im Jahr 1593. angefangen worden.
Er starb den 29. Jun. 1618.

1590.

18. M. Jakob Bayer, also und nicht Beyer schrieb Er sich — von Zweybrücken — Er wurde zu End des Jahrs 1590. als Diaconus hieher berufen, und starb auch als Diaconus im Jahr 1610.

1591.

19. M. Christoph Algejer, so unterschrieb Er sich, und nicht Allgower — Er war vorhero Diaconus zu Durlach — In denen Weim. Act. stehet — 1590. wäre Er hieher berufen worden, allein wann es wahr wäre, so wären 5. Prediger damals zu Speyer gewesen — Passauer an der Prediger — Wild an der Augustiner — Phryßius an der Georgen, und neben diesen dreyen noch Bayer und Algejer — Und dieses ist unrichtig, und um ein Jahr zu früh — Wild, der Augustiner-Pfarrer resignirte im Jahr 1591. und an dessen Statt wurde Algejer als Pfarrer in die Augustiner-Kirch berufen —

Unter ihm wurde auch das Taufbuch in der Aug. Kirch im Jahr 1593. angefangen —
Er starb im Jahr 1611. (*)

1 6 0 3.

20. M. Jakob Bickzan — Er war vorher Pfarrer zu Maubach — hieher berufen nicht erst An. 1614. wie es unrichtig pag. 654. in jenen Actis vorkommt, sondern schon den 22. Jun. 1603. kraft eines an ihn erlassenen Magistrats-Schreibens, folgenden Innhalts: Euch wird bekannt seyn, daß seither drey unserer Kirchendiener krank liegen — M. Nic. Phryßius versiehet alles allein — Es muß ihm aber in die Länge unerträglich fallen — Wir wollen es ihm erleichtern — Wir haben Uns auch verständigen lassen, daß ihr Uns, bis es mit unsern Predigern besser wird, wollet behülflich seyn: So gesinnen Wir an Euch, Ihr wollet Euch mit beykommender Fuhr heut Abend hieher begeben, und

Mor-

(*) Bey diesem wird gesetzet, er habe die Formulam Concordiæ unterschrieben — allein dieses geschahe nicht, da Er zu Speyer war, sondern lange vorher — warum der hiesige Magistrat gar nicht unterschrieben, weder die Form. Conc. selbst, noch die Vorrede, und was für Verdrüßlichkeiten, besonders in dem Ministerio, daher entstanden, werde ich in der ausführlichen Beschreibung melden.

Morgen in der St. Georgen-Kirch predigen ꝛc. Er kam, predigte und blieb als ein Helfer, oder wie Er sich schrieb, als ein Ecclesiastes. Und von diesem Jahr 1603. an, (und nicht, wie es ungegründet in denen Act. pag. 660. und 661. stehet, vom Jahr 1623. —) waren viele Jahre hindurch fünf Prediger im Ministerio Spirensi —

Als nachhero im Jahr 1614. der M. Chilian Passauer, der Pfarrer an der Prediger-Kirch starb, so kam der bisherige Augustiner-Pfarrer, Johannes Leißler an die Prediger-Kirch, und M. Jak. Vickzan wurde in gedachtem Jahr 1614. Pfarrer an der Augustiner-Kirch — Endlich nach des St. Georgen-Pfarrers Warzembachs im Jahr 1632. erfolgtem Absterben, kam Vickzan aber nicht 1633. sondern im Decembr. 1632. an die Georgen Pfarrkirch. Seine Collegæ gaben Ihm auch in einer Bittschrift an den Magistrat An. 1631. den Namen **Senior.**

Er starb 1635. So wird es wahr, daß Er nicht bey 30. sondern würklich über dreyßig Jahr zu Speyer Prediger war —

1 6 1 0.

21. **M. Georg Caspar Poppius** — mit beeden Vornamen, nicht Caspar allein, kommt Er vor in

dem Taufbuch — Er war verhero Conrector Gymn. Spir. — Nach Bayers Tod, im Jahr 1610. wurde Er Diaconus, und starb als Diaconus 1613.

1 6 1 1.

22. **Johannes Leißler** — von Alsfeld aus Hessen — Auch von diesem sind die Nachrichten in denen Weim. Actis sehr fehlerhaft. Pag. 654. heißt es, berufen an die Aug. Kirch 1613. bis 1623. da Er Pfarrer zu den Predigern wurde — und p. 658. stehet — berufen nemlich zur Pred. Kirche 1623. bis 1625. da Er nach Georgen gekommen. Er wäre also Pfarrer an allen drey Kirchen gewesen, so aber falsch. Er war nie an der St. Georgen Kirch, wie Er auch in denen Actis nicht unter den Georgen-Pfarrern vorkommt — zudem sollte Leißler in eben dem Jahr 1625. von einer Kirch, welche unter Ihm für die fürnehmste und erste declarirt, und deren damaligem Pfarrer der Rang für andern von E. E. Rath zuerkanne worden, ab- und in eine geringere gegangen seyn, und seinem Rang, den Ihm die Obrigkeit gab, entsagt haben? Es muß folgendermaßen gesetzt seyn: Leißler berufen als Pfarrer an die Augustiner-Kirch nach

a) nach d. Jahr. ihres Berufs v. 1556. bis 1689. 87

Algejers Tod. NB. im J. 1611. — kam nach Paſſauers Abſterben an die Prediger=Kirche im J. 1614. Als dieſe Kirche im 30 jährigen Krieg 1628. weggenommen, und die neue Kirche 1629. errichtet wurde, ſo kam er als Pfarrer an dieſe neue Kirche, an welcher Er blieb, bis an ſein Ende, das im Jun. 1631. erfolgte.

1 6 1 3.

23. M. Chriſtoph Warzembach (nicht Chriſtian.) — Er war vorhero Pfarrer zu Erumbach in dem Ereichgau — berufen hieher als Diaconus den 15. Jun. 1613. — Er wurde Pfarrer in der St. Georgen=Kirche, nicht erſt 1623. nach den Weim. Act. pag. 656. ſondern bald nach Phryſius Tod im Jahr 1618. Er ſtarb 1632. —

1 6 1 5.

24. Johannes Himmel, Theol. Doctor, von Stolpe aus Pommern — Ehe Er ins Speyer. Miniſterium kam, war Er Gymnaſii Rector — von 1612. bis Ende 1614. — Im Jahr 1615. kam Er nach Oſtern würklich ins Predigtamt, und blieb darinnen bis gegen das Frühjahr 1617. — alsdann kam Er nach Jena als Prof. Theol.

In Jſelins allgemeinem Lexico lieſet man unter dem Art. Johannes Himmel folgende Nachricht:

F 4

Als

B. Von denen Predigern

Als Er, Himmel, anno 1614. zum obersten Pfarrer allda (zu Speyer) ernennet wurde, nahm er das folgende Jahr zu Giessen den gradum Doctoris an, und wurde anno 1617. Professor Theologiæ daselbst ꝛc. Lezteres ist offenbar falsch. Dann nicht zu Giessen, sondern zu Jena wurde Er bey dem Anfang des Jahrs 1617. Professor Theologiæ, ob Er gleich anno 1615. den gradum Doctoris zu Giessen angenommen hatte. Daß Er aber eben so wenig im Jahr 1614. zum obersten Pfarrer allhier zu Speyer ernennet worden, ist aus folgenden Archiv-Urkunden ganz sichtbar. —

A) Ich finde nemlich von anno 1615. ein Bedenken, welches die drey Pfarrer, M. Nic. Phrysius zu St. Georgen, M. Johannes Leißler zu denen Predigern, M. Jakob Bickian zu denen Augustinern wegen des Herrn Himmels Vocation, was dabey in Obacht zu nehmen, gestellt, und bey dem Magistrat übergeben haben; darinnen stehen folgende Punkte:

1. Weil für dießmal kein *Pastorat* ledig, kann ihm *Nomen Pastoris* in einer oder der andern Kirche nicht zugeeignet werden — Wir wissen aber, daß zu Straßburg Licen-

centiat Faber, welcher denen *Diaconis* wird vorgezogen, und die nächste Stelle nach denen Pfarrer hat, auch in der Akademie *publice* ließt, ein Freyprediger titulirt wird, welches Ihm (Himmel) *pari dignitate & statu* solle gegeben werden —

2. Damit Herr Warzembach (dieser war hiesiger *Diaconus*.) sich keines Unterdrückens zu beklagen hat, die *Auditores* aber in allen drey Kirchen, des Herrn Himmels gewohnen, und wissen mögen, daß Sie nie weniger zu Herrn Himmel, als zu den andern in Noth und Krankheit zu kommen, Ihne anzusprechen Macht haben, so soll Herr Himmel in denen 3 Kirchen das H. Nachtmahl zu *dispensiren* helfen verbunden seyn.

3. An Fest- und Feyertägen soll Er ohne Unterschied der drey Kirchen dem Pfarrer, so seiner begehren würde, so wohl in Predigten als in *Coenæ administratione* zuzuspringen schuldig seyn.

4. Bey der Kinderlehr soll Er nicht weniger als die andere vier sich einstellen, und die Jugend unterrichten. —

5. Und demnach das Schulwesen durch Conjunctionem Lectionum mit der Zeit also kann angestellt werden, daß man eines aus dem Prediger-Amt nit dürftig seyn werde rc.

6. Es soll und will auch Hr. Leißler, was von einem Pfarrer der Prediger-Kirche mit Kindtaufen, Hochzeiten, Ausrufen und Einsegnen und dergleichen Verwaltung ihm allein behalten.

Dieses haben obengemeldete 3. Pfarrer unterschrieben —

B. So finde ich eine Conferenz derer Hrn. Scholarchen vom 24. Jan. 1615.; da treffe ich unter andern an, daß Himmel sich also vernehmen lassen:

Diejenige, so mich recommendirt, wollen mich unterdrucken, und mir keinen Titul eines Pfarrers oder Kirchendieners zu geben sich verlauten lassen; ich will mich einen Ministrum Ecclesiarum nennen, ich habe mich auch erbotten, in allen Kirchen zu helfen — ich will allein in der Prediger-Kirche Cœnam Dom. administriren helfen, in denen andern soll Warzembach administriren —

C. Ich führe an, daß Himmel den 26. März 1615. an den Magistrat geschrieben: Euer rc. ist in frischen schem Angedenken, daß sie mich, antea Rectorem auf Gutachten des Ministerii zum *Ministerio vocirt* — ich habe es angenommen — ich soll mich der Gebühr nach ordiniren lassen — ich will bey bevorstehender Franffurter Meß nach Gießen — ich bitte um eine Recommendation an die theologische Facultät alda, daß Sie mich ordinire, damit ich mein Amt sogleich antretten kann ec. ec. Himmel unterschrieb sich Ecclesiastes Spirensis designatus. Des Magistrats an die theol. Facultät zu Gießen unterdem 28. März erlassene Schreiben war also gestellt — **Wir haben Johannem Himmelium, unsern bisherigen Rectorem, mit zugezogenem Gutachten und Belieben Unserer Pfarrer und Kirchendiener zu Unserem Kirchen-***Ministerio* **ordentlicher Weiß vocirt — —** Wann es nun an dem, daß derselbe sich durch Empfahung und Annehmung der in der christlichen Kirche üblich herkommener Ordination, zu würklicher Antrettung solch anvertrauten Function, fürderlich gefaßt mache, zu welchem End Er sich dann jetztmalen zu E. Ehrwürden zu erheben, und bey denselben solche Ordination zu suchen, und zu erlangen gesonnen ist, als haben wir für nothwendig erachtet, Ew. Ehrwürden — — —

Hrn.

Hrn. Himmelium — wohlmeinlich zu recommendiren —

Bmstr. und Rath der Stadt Speyer —

Ich gedenke endlich noch einiger Umstände aus M. N. Phrysii im Herbst 1615. gestellten Gutachten, da Himmel nicht nur ordinirt, sondern sogar den Gradum Doct. Theol. zu Giessen angenommen hatte, a) daß man dem Hrn. D. Himmel die **Mittags-Predigt** beneben der Sonntäglichen Epistel-Auslegung für dißmals zu bevellen habe, weil auch anderswo graduirte Personen als zu Straßburg der alte Herr D. Marpach, nach ihn D. Pappus, jetzund Herr D. Bechtold die Mittags-Predigt versehen ꝛc. b) Daß aber Herr Warzembach sich nicht zu beschwehren ꝛc. ꝛc.

Aus diesem allem bin wenigstens ich vollkommen überzeugt, daß D. Himmel weder in dem Jahr 1614. zum obersten Pfarrer ernennt, noch weniger zu solcher Zeit Senior allhier gewesen — Alle bisher von mir angegebene Umstände geben zu erkennen, daß Himmel damalen mehr nicht, als ein Prediger zu Speyer gewesen — Und als Er in dem Jahr 1617. den Ruf als Professor Theol. nach Jena erhielt, und den 8. Febr. ej. an. um seine Dimission anhielt, Er auch vom Magistrat beurlaubt worden, stehet

stehet nichts vom Senior — sondern nur D. Himmel — Sollte ich bessere Nachrichten von seinem *Seniorat* antreffen, so werde solche zu seiner Zeit mitzutheilen nicht ermangeln — Vielleicht kann Ihm der Doctor-Titul etwas dazu beygetragen haben. Er starb zu Jena 1642. den 31. Märtz.

1 6 1 8.

25. M. Johann Thomas Phryßius — von Speyer — hieher als Diaconus nicht, wie es pag. 658. in denen Weim. Act. lautet, 1625. sondern gleich nach seines Vaters Tod im Jahr 1618. berufen. Er war auch weder in der Prediger, noch neuen, noch St. Georgen-Kirche Pfarrer — Dann als Er im Jahr 1633. starb, und Joachim Becher den 25. Jul. ej. an. an seine Stelle berufen worden, so setzte Magistratus folgende Worte in die Vocation: Uff zeitlichen Hintritt unsers Diaconi, weil. M. Joh. Thom. Phryßii — so wollen wir ihn zum vacirenden Diaconat ꝛc. — — Er starb also als Diaconus. Aber das kann von ihm bemerkt werden, daß Er von dem Absterben des J. Leißlers an bis zur Ankunft des Lic. Notters die leer gestandene Pfarrstelle in der neuen Kirche versehen habe —

1623.

1 6 2 3.

26. M. Heinrich Poley — von Marburg, vorher Pfarrer zu Mündenheim — hieher berufen als Diaconus 1623. bis er im Jahr 1633. den 15. Jan. vom Magistrat dimittirt worden —

1 6 3 1.

27. Johann Peter Gauß — von Speyer, Er wurde nicht 1630. nach dem Weim. Bericht, sondern erst 1631. zum Diaconat berufen, und wurde darauf in folgendem Jahr 1632. Pfarrer an der Augustiner-Kirch — Er starb 1644.

Anmerkung.

Nach dem Gauß kommt in der Weim. Nachricht lit. r. ein M. Christoph Bickzan † 1635. Da ich aber von diesem Christoph Bickzan gar keine Spur gefunden habe, und Jakob Bickzan in eben diesem Jahr 1635. gestorben, so muthmasse ich, daß aus einem Versehen aus einer Person zwey gemacht worden — besonders da nach des Pfarrer Gauß Bittschrift an den Magistrat unter dem 29. April. 1633. die IVte nämlich die Diaconat-Stelle vacant, solche kurz darauf mit dem Becher bis 1635. besetzt worden, und geblieben, überdieß damalen keine fünf im Speyerischen Ministerio gewesen waren ꝛc.

1633.

a) nach d. Jahr. ihres Berufs v. 1556. bis 1689.

1 6 3 3.

28. **Johann Georg Notter** — Theol. Lic. Er war vorher Professor zu Straßburg — Er erhielt den 3. Jan. 1633. die Vocation ins Speyr. Ministerium als Pfarrer in der neuen Kirche — folglich **nicht** erst im Jahr 1635. — Er starb 1639.

1 6 3 3.

29. **Joachim Becher** — von Wittenburg aus dem Mecklenburgischen — stud. zu Straßburg — von da nach Speyer berufen als Diaconus den 25. Jul. 1633. nicht aber 1623. Er wurde Pfarrer nach Bickians Tod in der St. Georgen-Kirche den 8. Oct. 1635. und starb nicht 1640. sondern 1643.

1 6 3 5.

30. **Johann Heinrich Ursinus** — von Speyer. **Widersprechend** ist der Art. Ursinus in denen Weim. Actis pag. 655. heißt es: — War zuvor Conrector am Gymnasio zu Speyer — berufen 1635. — 1643. da Er Pfarrer zu St. Georgen wurde — pag. 657. zuvor Conrect. allda 1640. und Pfarrer in der Augustiner-Kirch, ber. 1643. bis 1655. Er starb 1656. nach Jöchern 1667. — —

Er war niemalen Augustiner-Pfarrer — Man bemerke folgendes: Ursinus war vorher Pfarrer zu Weingarten bis auf das Jahr 1634. da kam Er hie-

hieher als Corrector Gymnasii — Er wurde Diaconus zu End des Jahrs 1635. Nach Bechers Absterben bekam Er die St. Georgen Pfarr-Kirch im Jahr 1643. den 24. Febr. und blieb da, bis er 1655. resignirte, nachdem Er den Ruf als Superintendent und Pfarrer nach Regenspurg erhalten hatte. Er starb auch nicht 1656, sondern zehn Jahr später. —

1 6 3 9.

31. **Johann Conrad Schragmüller** Theol. Doctor. — von Grünstadt — Er war vorher Professor zu Marpurg — Er wurde den 3 Jul. 1639. hieher als Pfarrer in die neue Kirch berufen — als die Prediger-Kirch im Jahr 1649. denen Evang. Luth. wieder restituirt worden, predigte Er in dieser — Er war zugleich Gymnasii Inspector, Consistorii Assessor und *Ministerii Senior* — Er starb 1675. nicht aber den 25. Jul. sondern schon vorher den 10. Märj.

1 6 4 1.

32. **M. Johann Andreas Pfaff** — von Speyer. Er wurde Diaconus im Jahr 1641. Er blieb in dieser Station, bis er starb 1653.

1643.

1 6 4 3.

33. **Johann Markus Ursinus** — von Speyer. Von ihm steht in denen Weim. Actis p. 655. mehr nicht, als ein Bruder des vorigen (nämlich J. Heinr. Ursinus) zuvor Conrector zu Speyer † 1646. ohne seiner Vocation zu gedenken. Er war Conrector bis 1643. da wurde Er Diaconus, nachdem sein Bruder Heinrich Ursinus St. Georgen-Pfarrer geworden — Nach des Augustiner-Pfarrers Gaußens Tod erhielt Er diese Pfarr, und starb 1646.

1 6 4 4.

34. **Martin Seufert, nicht Seyffart** — Er war vorher Rector Gymnasii — Er kam kurz vor Weyhnachten 1644. nicht aber 1645. ins Ministerium — Er wurde nach Ursino Pfarrer bey der Augustiner-Kirch, und starb 1659.

1 6 5 3.

35. **Georg Conrad Leißler** von Speyer — ein Sohn des Johannis Leißlers — Er war vorher Pfarrer zu Menzingen im Creichgau bis 1653. In diesem, nicht aber im Jahr 1658. wurde Er als Diaconus hieher berufen. Im Jahr 1655. kam er als Pfarrer in die St. Georgen-Kirch, und starb den 20. Apr. 1673. ætatis nicht 50. sondern 55.

1 6 5 5.

36. **Johann Peter Weidtmann,** (dieser 27. jährige hiesige Prediger und *Senior Ministerii* ist in denen Weim. Actis gar ausgelassen worden) Er war vorhero Pfarrer und Consistorialis zu Grünstadt. Er wurde den 7. Nov. 1655. hieher als IV. berufen — nach Seuferts Absterben kam Er 1659. in die Aug. Pfarr-Kirch — und starb 1682.

1 6 5 9.

37. **Gustav Adolph Hiltebrandt** — von Stargard aus Pommern. Er wurde von Heydelberg aus als IV. in das hiesige Ministerium berufen den 4. Jun. 1659. Er wurde den 1. Jun. 1673. Pfarrer zu St. Georg, und nachhero *Senior Ministerii &c.* und blieb es bis zum Brand der Stadt 1639. Kurz darauf wurde Er Hessen-Casselisch. Ev. Luth. Inspector zu St. Goar —

1 6 7 3.

38. **Johann Conrad Willius** — von Grünberg aus Hessen — Er war vorher Pfarrer zu Umstatt. Er kam als IVtus den 26. May, nicht März, 1673. berufen hieher, und wurde nach Schragmüllers Tod den 24. Jul. 1675. welches in den *Act.* ausgelassen, Pfarrer an der Prediger-Kirch bis zur Zerstörung der Stadt 1689. zuletzt Senior zu Dünkelspiel.

1675.

1 6 7 5.

39. **Johann Adam Haßlocher** — von Speyer. — Er war vorher Pfarrer zu Weissenburg bis 1675. da wurde Er den 24. Jul. als Diaconus hieher berufen. Er blieb aber nicht, wie es p. 655. in den Weim. Act. zu lesen, bis auf der Stadt Zerstörung Diaconus, sondern im Jahr 1682. kam Er als Pfarrer in die Aug. Kirch bis 1689. darauf wurde Er Superintendent zu Weilburg —

1 6 8 2.

40. **Rabanus Schneider** — von Speyer — Er war vorher Pfarrer zu Eßingen, bis Er in dem May 1682. hieher als Diaconus berufen worden — Er blieb bis zum Brand der Stadt 1689. — kam nachhero als Pfarrer nach Weissenburg im Elsas.

II. Verzeichniß
der
Evangelischen Prediger
b) nach denen Kirchen,
an welchen Sie als Pfarrer gestanden,

nebst

einer Anzeige
der Nachmittags-Prediger, Diakonen ꝛc. welche
an allen Kirchen denen Pfarrern
helfen mußten.

Von den Pfarrern an der Aug. Kirche.
1. Anzeige der Fehler in den Weim. Actis.

1. Wann Beurer nach pag. 653. im Jahr 1587. gestorben, und Algejer nach pag. 654. erst im Jahr 1590. ihm nachgefolgt,

so wäre drey Jahr lang kein Pfarrer an der Augustiner-Kirche gewesen.

2. Wann Algejer nach pag. 654. im Jahr 1611. gestorben und Leißler nach ebenderß. Seite erst im Jahr 1613. berufen worden,

so hätte diese Kirch abermals zwey Jahr keinen Pfarrer gehabt. —

3. Wann Leißler nach p. 654. vom J. 1613. bis 1623.
— Himmel — vom Jahr 1615. — 1617.
— Bickzan — vom Jahr 1614. — 1632.
Pfarrer an dieser Aug. Kirch gewesen, so wären im Jahr 1615. und 1616. drey Pfarrer an einer Kirche beysammen gestanden.

4. Wann Seufert nach pag. 655. im Jahr 1659. gestorben, und Haßlocher — — — erst im Jahr 1675. Diaconus geworden, und bis zum Brand der Stadt Diaconus geblieben wäre, so wäre daselbst 16. Jahr lang kein Prediger, und bis 30. Jahr lang kein Pfarrer gestanden. —

2. Man verbeſſere dieſe unrichtige Nachricht durch folgende Ordnung.

1. Jakob Schober, vom Jahr 1556. bis 1559. da Er ſtarb.
2. M. Heinrich Ringelſtein, vom Jahr 1559. bis 1569. da Er ſtarb.

Anmerkung.

Zwiſchen Ebenreych und Schöner müſte der Gottfried N. N. Pfarrer, deſſen oben gedacht worden, geſetzt werden. Einer, ſo als Prediger ins Speyeriſche Miniſterium im Jahr 1573. berufen worden, war im Anzug — Solte ich Gelegenheit haben, etwas mehrers von Ihm zu finden, ſo werde es gewiß mittheilen. Man erinnere ſich übrigens, daß ein Pfarrer von Worms hier in dieſem Jahr einige Zeit auf des Magiſtrats Begehren geprediget habe. —

3. Georg Ebenreych, vom Jahr 1569. bis 1573. da Er an die Georgen-Kirche kam.
4. M. Georg Schöner, vom Nov. im Jahr 1574. bis in den Dec. ej. anni, da Er dimittirt worden.
5. M Michael Piſtorius, vom Jahr 1575. bis 1579. da Er reſignirte, und Superintendent zu Reichenweyler wurde.

6. Theo-

6. Theophilus Wagner, vom Jahr 1580. bis 1584. da Er an die Georgen-Kirch kam.

7. M. Wierich Wieland, vom Jahr 1584. bis 1585. da Er starb.

8. Abermals Theophilus Wagner vom Jahr 1585. bis 1588. da Er starb.

> NB. Beede Pfarrer Wagner und Wieland müssen aus dermalen unbekannten Ursachen ihre Pfarrstellen verwechselt haben — die Veränderung ist ganz gewiß —

9. Johannes Wild, vom Jahr 1588. bis 1591. da er resignirte —

10. M. Christoph Algeier, vom Jahr 1591. bis 1611. da Er starb.

11. Johannes Leißler, vom Jahr 1611. bis 1614. da er an die Prediger-Kirche kam.

12. M. Jakob Bickzan, vom Jahr 1614. bis 1632. da er Pfarrer an der St. Georgen-Kirch wurde —

13. Johann Peter Gauß, vom Jahr 1632. bis 1644. da er starb.

14. Johann Markus Ursinus, vom Jahr 1644. bis 1646. da er starb.

15. Martin Seufert, vom Jahr 1646. bis 1659. da er starb.

16. Johann Peter Weidtmann, vom Jahr 1659. bis 1682. da er starb.

17. Johann Adam Laßlocher, vom Jahr 1682. bis 1689. da die Stadt verwüstet wurde —

Von den Pfarrern an der St. Georg. Kirche.
1. Anzeige der Fehler.

1. Wann nach pag. 655. Mailander im Jahr 1572. gestorben, und Wieland erst im J. 1576. gekommen so hat diese Kirche vier Jahr lang keinen Pfarrer gehabt.

2. Wann nach pag. 656. Phryßius im Jahr 1618. gestorben und Warzembach erst im Jahr 1623. Pfarrer worden, so war fünf Jahr lang kein Georgen=Pfarrer.

3. Wann nach p. 657. Becher im J. 1640. gestorben, — — Ursinus erst 1643. berufen worden —

4. Wann — Ursinus im Jahr 1655. resignirte, und Leißler erst im Jahr 1658. ihm succedirte, so war in beeden Fällen 3. Jahr lang die Pfarrstelle offen — Unrichtig!

Hier ist 2. die richtige Folge.

1. Johann Othmar Mailander, vom Jahr 1561. bis 1573. da er starb.

2. Georg Ebenreych, vom Jahr 1573. bis 1576. da er dimittirt wurde.

3. M.

2. an der St. Georgen-Kirche.

3. M. **Wierich Wieland**, vom J. 1577. bis 1584. da Er Pfarrer in der Augustiner-Kirche wurde.

4. **Theophilus Wagner**, vom Jahr 1584. bis 1585. da er wieder an die August. Kirch gieng.

5. **Georg Intelin**, vom J. 1585. bis 1590. da er starb.

6. M. **Nikolaus Phryßius**, vom Jahr 1590. bis 1618. da er starb.

7. M. **Christoph Warzembach**, vom Jahr 1618. bis 1632. da er starb.

8. M. **Jakob Bickzan**, vom Jahr 1632. bis 1635. da er starb.

9. M. **Joachim Becher**, vom Jahr 1635. bis 1643. da er starb.

10. **Johann Heinrich Ursinus**, vom Jahr 1643. bis 1655. da er als Superintendent nach Regenspurg kam.

11. **Georg Conrad Leißler**, vom Jahr 1655. bis 1673. da er starb.

12. **Gustav Adolph Hiltebrandt**, vom Jahr 1673. bis 1689. da die Stadt verstört wurde.

Von den Pfarrern an der Prediger-Kirche.

1. Anzeige der Fehler.

Wann nach pag. 658. Bernhart im Jahr 1584. resignirt, und Paßauer erst 1593. berufen worden, so ist eine Lück von 9. Jahr, daß kein Pfarrer an der vornehmsten Kirche gewesen ꝛc.

Wann nach eben der Seite Paßauer im Jahr 1614. gestorben, und Leißler erst im Jahr 1623. an diese Kirche gekommen, so ist abermal 9. Jahr lang die Kirch ohne Pfarrer gestanden ꝛc.

2. Man bemerke folgende Ordnung.

1. Johannes Reissenzein, vom Jahr 1569. bis 1573. da er starb —

2. M. Bernhard Bernhart, vom Jahr 1573. bis 1584. da er resignirte.

3. M. Amandus Beurer, vom Jahr 1584. bis 1587. da er starb.

4. M. Chilian Passauer, vom Jahr 1588. bis 1614. da er starb.

5. M. Johannes Leißler, vom J. 1614. bis 1628. NB. in diesem Jahr muste diese Kirche auf allerhöchsten Befehl denen Predigern-Mönchen restituirt werden. Es wurde darauf die neue Kirche gebauet, und Leißler predigte in derselben. Man sehe das Verzeichniß, welches nachstehet. Als aber in dem Jahr 1649. — nach dem Westphälischen Frieden — und Executions-Schluß die Mönche die Prediger-Kirch denen Evangelischen zu ihrem Gottesdienst wieder hergeben mußten, so kam darein als Pfarrer

6. D. Johan Conrad Schragmüller, vom Jahr 1649. bis 1675. da er starb.

7. Johann Conrad Willius, vom Jahr 1675. bis 1689. da Speyer verbrannt wurde.

Verzeichniß der Pfarrer an der neuen Kirche.

Anzeige der Fehler — nebst der Verbesserung.

Nach pag. 659. hat man 1) **kein Verzeichniß der Pfarrer an dieser Kirche machen wollen** — und 2) **nur drey gesetzt,** welche darinnen als Pfarrer gepredigt haben. Allein, da 1) dieses eine besondere, obgleich nur dem Anfang nach **Interims-Kirche gewesen,** welche aber nachher bis zum Brand der Stadt gebraucht worden, 2) **Licentiat Notter** über dieses in keiner als dieser neuen Kirch gepredigt, so setze ich solche besonders, und da wird man finden, daß **mehr als drey Geistliche darinnen gepredigt:**

1. **Johannes Leißler** vom Jahr 1629. bis 1631. da er starb.
2. **M. J. Thomas Phryßius,** vom Jahr 1631. bis 1633. da er starb.
   NB. Er war gleichsam Pfarr-Vicarius von Leißlers Tod an bis an seinen Tod —
3. **Johann Georg Notter,** Lic. Theol. vom Jahr 1633. bis 1639.
4. **D. Johann Conrad Schragmüller,** vom Jahr 1639. bis 1649. da er an die restituirte Prediger-Kirche kam —

Hiebey merke ich noch an, daß Ursinus, ehe er von Speyer nach Regenspurg zog, in dieser neuen Kirch den 4. Nov. im Jahr

Jahr 1655. seine Abschieds-Predigt hielt, und sich in derselbigen also erklärte: Ich habe 20 Jahr an dieser Städte gepredigt. Man sehe dessen gedrucktes Spirense Vale &c.

Anzeige sämtlicher Nachmittags-Prediger, ingleichem der Diakonen, Ekklesiasten ꝛc. welche an allen Kirchen helfen musten.

1. **Heinrich Ringelstein,** Nachmittags-Prediger von 1556. bis 1559. da er ordentlicher Augustiner-Pfarrer wurde.

2. **Clemens Schubert,** Nachmittags-Prediger, von 1559. bis 1575. da er starb.

3. **Georg Intelin,** Diakonus von 1484. bis 1585. da er St. Georgen-Pfarrer wurde —

4. M. **Jakob Bayer,** Diakonus, von 1590. bis 1610. da er als Diakonus starb.

5. **Georg Caspar Poppius,** Diakonus, von 1610. bis 1613. da Er als Diakonus starb.

6. M. **Jakob Bickzan,** Ekklesiastes, von 1603. bis 1614. da er Augustiner-Pfarrer wurde.

7. M. **Christoph Warzembach,** Diakonus, von 1613. bis 1618. da er als Pfarrer an die St. Georgen-Kirche kam.

8. D. **Johannes Himmel,** Ekklesiastes vom Jahr 1615. bis 1617. da er nach Jena kam.

9. M. Jo-

9. M. **Johann Thomas Phryßius,** Diakonus vom Jahr 1618. bis 1633. da er starb als Diakonus ——

10. **Heinrich Poley,** Diakonus vom Jahr 1623. bis 1633. da er dimittirt wurde.

11. **Johann Peter Gauß,** Diakonus vom J. 1631. bis 1632. da er Pfarrer in der Augustiner-Kirche wurde.

12. **Joachim Becher,** Diakonus vom Jahr 1633. bis 1635. da er an die St. Georgen Pfarr-Kirch berufen wurde.

13. **Johann Heinrich Ursinus,** Diakonus vom J. 1635. bis 1643. da er in die St. Georgen Pfarr-Kirch kam.

14. M. **Johann Andreas Pfaff,** Diakonus vom Jahr 1641. bis 1653. er starb als Diakonus.

15. **Johann Markus Ursinus,** Diakonus vom Jahr 1643. bis 1644. da er Augustiner-Pfarrer wurde.

16. **Martin Seufert,** Ekklesiastes zu End des Jahrs 1644. bis 1646. da er in die Augustiner Pfarr-Kirch kam.

17. **Georg Conrad Leißler,** Diakonus, vom Jahr 1653. bis 1655. da er Pfarrer in der St. Georgen Kirch wurde ——

18. Joh

18. Johann Peter Weidtmann, Quartus vom Jahr 1655. bis 1659. da er als Pfarrer in die Augustiner-Kirche kam.

19. Gustav Adolph Hiltebrandt, Quartus vom J. 1659. bis 1673. da er die St. Georgen Pfarr-Kirch erhielt.

20. Johann Conrad Willius, Quartus, vom Jahr 1673. bis 1675. da er als Pfarrer in die Prediger-Kirch gesetzt wurde.

21. Johann Adam Haßlocher, Diakonus vom Jahr 1675. bis 1682. da er Pfarrer zu den Augustinern wurde.

22. Rabanus Schneider, Diakonus vom Jahr 1682. bis 1689. — zum Brand der Stadt.

III.

III. Abschnitt.

Von der

Wiederaufbauung der Stadt nach dem Brand bis auf unsre Zeit

von

1698. bis 1777.

A) Von denen Kirchen.

B) Von denen Predigern.

* * *

Ich übergehe mit tiefem Stillschweigen die traurige Geschichte der gänzlichen Einäscherung meiner Vaterstadt, welche durch das französische Kriegsheer in dem Jahr 1689 leyder! geschehen ist. Ich berühre mit keinem Wort das darauf folgende harte Exilium, in welchem alle ehemalige und nachher zurückkommende Bewohner dieser uralten und berühmt gewesenen freyen Reichsstadt unter mancherley Mühseligkeiten, vielen Drangsalen, und Vergießung unzählbarer Thränen fast zehn Jahre leben mußten: sondern ich melde nur, zur Verherrlichung Gottes, wie sich das durch den Brand völlig entkräftete Evangelische Speyer, vermittelst göttlicher Gnade und preißwürdiger Anstalten E. E. Raths, vorzüglich in Betracht des Evangelischen Gottesdienstes nach und nach erholet hat.

Kaum war der sehnlich gewünschte Friede zu Ryßwick im Jahr 1697 geschlossen — Kaum hatten die von Speyer verjagte und aller Orten zerstreuete Bürger kraft jenes Freyheit, Ruhe und Sicherheit erhalten, ihre zerstörte, einem Aschen- und Steinhaufen ähnliche Stadt wieder anzubauen; als sie sich unter göttlichem Geleit bey Speyer versammleten, theils in Kellern, theils in aufgeschlagenen Hütten wohnten, und mit Freuden und Thränen in Gottes Namen an

H der

der Wiedererbauung der Stadt zu End des Jahrs 1697 den wirklichen Anfang machten.

Der größte Theil E. E. Raths, welcher sich nebst vielen Bürgern währendes Exiliums zu (*) Frankfurt am Mayn aufgehalten hatte, kam ebenfalls zurück — und gieng auf das Fest der Reinigung Mariä im Jahr 1698 das erstemal ordentlich wieder hier zu Rath — Die erste gottseelige Beschäftigung desselben war, den Evangelischen Gottesdienst durch Aufrichtung einer Kirche, und Berufung eines rechtschaffenen Predigers auf's neue zu bestellen. Mit welch sichtbarem Seegen der Allerhöchste den exemplarischen Eifer E. E. Raths für die fernere Ausbreitung des Reichs Christi in unsrer Stadt durch die nur möglichste Verbesserung der hiesigen Kirchlichen Anstalten bishero gekrönet habe, wird folgende Nachricht beweisen. Der Herr seye dafür gelobet! Er erhalte Uns in der Wahrheit, und gebe ewigliche Freyheit, zu preisen seinen Namen durch Jesum Christum. Amen!

A. Von

(*) Hier wurden die Speyerischen Exulanten brüderlich aufgenommen; hier suchte man Ihnen ihr hartes Schicksal nach aller Möglichkeit zu erleichtern. Der Herr erhalte auch um dieser Ursach willen, die ansehnliche freye Reichsstadt Frankfurt, im beständigen Flor!

A. Von denen Evangelisch-Lutherischen Kirchen nach der Wiederaufbauung der Stadt.

Alle vorhin beschriebene Kirchen wurden im oft angezeigten Jahr 1689 von denen Franzosen verbrannt, die sehr zahlreiche und in drey Pfarrkirchen getheilt gewesene Evangelische Gemeinde aber bey diesem kläglichen Vorfall hin und her zerstreuet.

Ein ansehnlicher Theil derselben ließ sich währendes Kriegs anderswo nieder, und vergaß seiner Vaterstadt: Ein anderer Theil kam zwar nach erhaltenem Frieden wieder zurück, aber nicht auf einmal, sondern nach und nach, und einzele — In diesem Betracht war es nicht nöthig, so gleich eine Hauptkirche, noch weniger alle Kirchen, in welchen der Evangelische Gottesdienst vor dem Brand gehalten worden, aufbauen zu lassen. Ja, obgleich E. E. Rath und Burgerschaft berechtiget ist, die St. Georgen-Kirche, das Langhaus bey denen Augustinern, und Predigercloster zu erbauen, und in denenselben den Evangelischen Gottesdienst zu halten, so hat man, doch ohnbeschadet, und nach offentlich geschehenem Vorbehalt dieser Rechte für besser angesehen, auf Errichtung anderer Kirchen bedacht

dacht zu seyn, bis zu hoffender Vermehrung der Evangelischen Gemeinde auch jener Auferbauung erfordert werden wird.

Es ließ dahero E. E. Rath gleich nach seiner Zurückkunft im Jahr 1698 die rühmliche Anstalt machen, daß

I. die Kirche auf dem Gottesacker,

welche zwar klein, aber zur Sammlung einer zerstreuten Gemeinde einsweilen hinlänglich wäre, zu dem Evangelischen Gottesdienst gebraucht werden könnte. Sie wurde auch alsbald erbauet, auch die verfallene Mauren, um den großen Kirchhof herum, aufgerichtet, und der gewöhnliche öffentliche Gottesdienst darinnen bis in das Jahr 1703 gehalten.

Man bemerke hiebey, daß von diesem Jahr an bis jetzo nur die Leichenpredigten für eine E. Burgerschaft, und die sogenannte Sermons bey Beerdigung der Kinder in solcher abgelegt werden; und daß in dem Jahr 1750 eine allgemeine Verbesserung in dem Kirchhof auf hohen Befehl veranstaltet worden.

Dann da von Zeit zu Zeit mehrere der Speyerischen Exulanten zurückgekommen, und die Evangelische Gemeinde hieburch sowohl als durch die Annahme ansehnlicher Fremden sehr vermehrt worden,

so

so war diese Gottesacker-Kirche nicht im Stand, die täglich anwachsende Gemeinde länger zu fassen —

Es entschloß sich demnach E. E. Rath, den Bau einer neuen und größern Kirche unter göttlicher Gnadenleitung anfangen zu lassen: So entstund

II. die heilige Dreyeinigkeitskirche.

Man erwählte dazu den Bezirk des Retschers. Hier war in denen älteren Zeiten, z. B. zu Zeiten Kaiser, Carls des Großen, das Kaiserliche Palatium, oder der K. Cammerhof gestanden, dessen sich auch nachhero der Magistrat unter der ersten Regierung als eines Rathhauses bedienet hatte; hier war auch bis auf den Brand die also genannte neue Kirche und das Gymnasium aufgerichtet gewesen.

Es wurde das Fundament zur Kirche den 22 April im Jahr 1701 mit erbaulichen Gebräuchen geleget — Die erste Evangelische Predigt den 21 Octobr. 1703 darinnen gehalten, die Kirche selbst den 31 Octobr. 1717 als am zweyten Reformations-Jubiläums-Fest auf das feyerlichste eingeweihet, und der allerheiligsten Dreyeinigkeit gewidmet.

In dieser neuen und wohl eingerichteten Kirche hat die Evangelisch-Lutherische Gemeinde in ungestörter Ruhe und vollkommener Eintracht ihren offentlichen

lichen Gottesdienst, dessen Einrichtung, so wie die Geschichte der feyerlichen Grundsteinlegung und nachmaligen Einweihung der neuen Kirche ich in der ausführlichen Beschreibung erzehlen werde.

B. Von denen Evangelisch-Lutherischen Predigern nach dem Brand.

Auch in Ansehung eines aufzurichtenden Ministeriums nahm E. E. Rath Maßreglen, welche die Klugheit angab; die Anzahl der Gemeinde war bey dem neuen Anbau der Stadt sehr klein. Daher berief derselbe nur einen Prediger. Mit der Gemeinde Vermehrung wurde ein zweyter angenommen, und in folgenden Jahren ein dritter. Wie sehr wäre zu wünschen, daß Speyer bald in solch glückliche Umstände gesetzt werden könnte, daß auch das Ministerium, gleich jenem vor dem Brand, eingerichtet werden müßte!

Man beobachte unterdessen in Ansehung der bisherigen Prediger nachstehendes —

1. **Der Anzahl nach.**
    Von 1698 bis 1700 war nur ein,
    Von 1700 bis 1722 waren zwey,
    Von 1722 bis jetzo waren und sind noch drey
     Evangelisch-Lutherische Prediger.

2.

2. **Denen Namen nach.**

Weil die erste Hauptpfarrstelle mit dem damit verbundenen Seniorat noch nicht besetzt worden ist, so hat der erste hiesige Prediger dem Beruf nach nur den Namen eines zweyten Pfarrers, doch mit dem Charakter eines wirklichen Consistorialis und Visitatoris des Gymnasii und sämmtlicher deutschen Schulen, der zweyte den Namen eines dritten Pfarrers, der dritte Prediger aber heißt Diaconus.

Nach diesem Bericht beurtheile man nachfolgende zwey Verzeichnisse aller Evangelisch-Lutherischen Predigern dahier nach dem Brand, mit der Anmerkung, daß in dem Zwischenraum vom Jahr 1689 bis 1698 der Pfarrer von Ellstatt, Johann Hübner, von dem St. Speyerischen Magistrat als ein Interims-Pfarrer erkannt und besoldet worden, dessen Beweggrund auch angezeigt werden soll.

I. Allgemeines Verzeichniß der Evangelisch-Lutherischen Predigern nach denen Jahren ihres Berufs von 1698 bis jetzo.

1. **Johann Wilhelm Pollmann, der ältere,** von Leichlingen im Herzogthum Bergen. Er war vorhero hochfürstl. Hessen-Darmstädtischer Feldprediger, und wurde als zweyter Pfarrer

hieher berufen, nicht den 9 Jul. sondern Jun. 1698. Er starb den 26 May 1739.

2. **Gottlieb Friedrich Bauer**, aus Bayreuth. Er war vorhero Garnisonsprediger bey denen fränkischen Craißtruppen in Philippsburg: als dritter Pfarrer hieher berufen nicht den 20 Sept. sondern den 26 May 1700 — Er starb 1706.

3. **Johann Christoph Hoffherber**, nicht Hoffarbet. Er war von Schofheim, und vorhero Pfarrer zu Derbingen im Werthheimischen. Er kam hieher als dritter Pfarrer, berufen nicht den 1 April, sondern den 22 Febr. 1706. Vorgestellet am heiligen Osterfest. Er starb den 6 Januar. 1733.

4. **Joh. Wennomer Weichert**, nicht Weinhart, von Wißbaden. Von Ihm stehet in den W. Actis pag. 666. vorher zugleich Rector Gymn. berufen 1722. Es solte eigentlich heissen Er war vorhero Rector Gymnasii, bis ihm die Verwaltung des neu aufgerichteten Diakonats von E. E. Rath, doch mit Beybehaltung der Stelle eines Rectoris Gymn., aufgetragen wurde. Er behielt auch biede Aemter bis an seinen Tod 1732.

5.

5. **Johann Christian Philipp Lentwein**, nicht Sentwein. Er war von Waldenburg aus dem Hohenlohischen — Vorher Pfarrer zu Sulzfeld im Creichgau. Er wurde hieher berufen als dritter Pfarrer den 10 Decemb. 1732, und starb 1735 den 15 Jul.

6. **Johann Christoph Wucherer**, aus Nördelingen. Er war zuvor Conrector Gymn. Spir. bis er den 23 Febr. 1733 als Diaconus berufen worden. Er versahe beede Stellen bis 1736, da Er das Conrectorat niederlegte, und das Diaconat allein versahe. Er resignirte, nachdem Er den Ruf als Pfarrer in die Altstadt zu Pforzheim erhalten hatte. Er starb nachher als Special.

7. **M. Georg Franz Schnell**, von Brakenheim aus dem Würtembergischen. Er war vorher Magister Repetens in dem hochfürstl. Stipendio, und Vicarius zu Tübingen — Er wurde den 13 Febr. und nicht den 24 Merz 1736 als dritter Pfarrer hieher berufen — Nach des älteren Pollmanns Absterben erhielt Er die zweyte Pfarrstelle den 18 Jul. 1739, und starb den 21 April 1743.

8. **Johann Wilhelm Pollmann**, der jüngere, und Sohn des älteren — von Speyer. Er war

vor-

vorher Pfarrer zu Igsstadt im Darmstädtischen, und wurde als dritter Pfarrer hieher berufen, nicht den 21 August, sondern den 25 May 1739. Nach Schnells Tod wurde Er den 21 August 1743 zweyter Pfarrer, und starb den 7 May 1748.

9. **Johann Friedrich Schüßler**, von Speyer. Zum Diaconat berufen nicht den 30, sondern den 23 Merz 1743. Er starb den 20 April 1754.

10. **M. Philipp Jakob Gmelin**, von Stuttgardt, gebohren den 11 April 1707. Er war vorhero Pfarrer zu Bornang, Stuttgardter Diœces. hieher berufen als dritter Pfarrer den 21 August 1743. Nachdem der jüngere Pollmann gestorben, erhielt Er den 27 Nov. 1748 die zweyte Pfarrstelle, welche Er annoch unter göttl. Seegen bekleidet.

11. **Johann Moriz von Berg**, von Düren im Creichgau den 15 Febr. 1718. Er war vorher Pfarrer zu Sülzfeld, und wurde den 24 Nov. 1748 als dritter Pfarrer hieher berufen — den 26 Jun. 1766 vom Schlag gerührt, starb den 14 Jul. 1769.

12. Johann Wilhelm Jeriz, von Darmstadt, gebohren den 22 Nov. 1724. Er wurde als Diaconus den 31 Jul. 1754 hieher berufen, und kam den 7 Jun. 1758 wieder von hier weg.

13. Johann Georg Schulz, von Speyer, gebohren den 31 Octobr. 1734. Er wurde berufen als Vicarius, und darauf vom hiesigen Ehrw. Consistorio nicht den 30 Jan. sondern Jun. 1758 examinirt, alsdann nicht den 6 Sonntag p. Epiph. sondern den 6. Sonntag p. F. Ss. Trinitatis ordinirt und präsentirt — den 21 Jun. 1760 aber als Diaconus, den 23 Sept. 1769 erhielt er den Ruf als dritter Pfarrer, und wurde der Gemeinde, aber nicht den 19 sondern den 26 Sonntag p. F. Ss. Trin. welcher auf den 19 Nov. fiel, vorgestellet. Er bekleidet seine Stelle ebenfalls noch unter göttl. Seegen.

14. Johann Friedrich Wilhelm Spatz, von Speyer, gebohren den 2 Oct. 1738. Er war vorhero Conrector Gymn. patrii seit dem 9 May 1761. Er erhielt den 17 Sept. 1766 den Ruf als Vicarius, wurde vom hiesigen Ehrw. Consistorio den 19 ejusd. examinirt und den 21 darauf ordinirt und präsentirt. Als Diaconus wurde er berufen den

den 23 Sept. 1769 und nachhero den 19 Nov. Dom. 26 post F. Ss. Trin. der Gemeinde vorgestellet —

Die Gnade meines Gottes walte ferner über mir!

II. **Besonderes Verzeichniß, wie diese Prediger als Pfarrer und Diaconi im Ministerio gewesen —**

Erster Pfarrer,
oder
Senior bisher noch keiner.

Zweyte Pfarrer —

1. Johann Wilhelm Pollmann, der ältere von 1698 bis 1739, da er starb.

2. M. Georg Franz Schnell, von 1739 bis 1743, da er starb.

3. Johann Wilhelm Pollmann, der jüngere von 1743 bis 1748, da er starb.

g. M. Philipp Jakob Gmelin, von 1748 bis jetzo —

Dritte Pfarrer.

1. Gottlieb Friedrich Bauer, von 1700 bis 1706, da er starb.

2. Johann Christoph Hoffherber, von 1706 bis 1733, da er starb.

3. Johann Philipp Christian Leutwein, von 1732 bis 1735, da er starb.

4. M. Georg Franz Schnell, von 1736 bis 1739, da er zweyter Pfarrer wurde.

5. Johann Wilhelm Pollmann, der jüngere, von 1739. bis 1743, da er zweyter Pfarrer wurde.

6. M. Philipp Jakob Gmelin, von 1743 bis 1748 da er zweyter Pfarrer wurde.

7. Johann Moriz von Berg, von 1748 bis 1769, da er starb.

8. Johann Georg Schulz, von 1769 bis jezo —

DIACONI.

1. Johann Wennomer Weichert, von 1722 bis 1732, da er starb.

2. Johann Christoph Wucherer, von 1733 bis 1742, da er resignirte.

3. Johann Friedrich Schäßler, von 1743 bis 1754, da er starb.

4. Johann Wilhelm Feriz, von 1754 bis 1758, da er wegkam.

5. Johann Georg Schulz, von 1758 bis 1769, da er dritter Pfarrer wurde.

6. Johann Friedrich Wilhelm Spatz, von 1769 bis jetzo.

Nachricht.

Ich bitte den geneigten Leser um Nachsicht in Ansehung einiger hie und da vorkommender Fehler, woran theils die Entfernung der Buchdruckerey, theils andre Umstände Ursach waren.